影视后期制作

（第2版）

主　编　周俊平
副主编　张丽萍　　杨东霞
　　　　高婷婷　　李　昤
参　编　王智广　　武彦芳
　　　　郭　剑　　杜　鹏

北京理工大学出版社
BEIJING INSTITUTE OF TECHNOLOGY PRESS

内容简介

这本书通过 10 个详细的项目，系统地介绍了如何使用 After Effects 从零开始制作专业级别的视频作品。

项目 1 介绍 After Effects 的基础操作，讲解了工作界面、各面板的功能和基本的项目 / 素材操作。项目 2 深入介绍图层的应用，讲解了图层的基本操作、图层的混合模式、图层样式以及"文本""纯色""灯光""摄像机"等多种图层的应用。项目 3 介绍如何使用蒙版工具，通过创建矩形、圆角矩形等，完成复杂的广告设计。项目 4 深入探索关键帧动画，包括从简单动画到复杂动画预设的应用。项目 5 聚焦文字效果，涵盖了文字创建、"字符"面板、"段落"面板、文字路径、文字动画和 3D 文字属性等，介绍如何制作电影级别的片尾字幕。项目 6 探讨了多种视频效果的应用，如 3D 通道、风格化、模糊和锐化等。项目 7 介绍了过渡效果和调色技术，如擦除类过渡效果和颜色校正效果等。在项目 8 介绍抠像与合成技术，使用不同的抠像效果和 KeyLight 工具，制作专业的 AI 智能屏幕效果。在项目 9 进入视频渲染的世界，全面介绍视频渲染技术。项目 10 汇总前面的所有知识点，通过"制作振兴乡村片头动画""制作星空穿梭特效动画""制作江南旅游宣传动画"3 个综合案例，巩固所学内容，提升读者的实战技能。

通过本书，读者不仅能学到 After Effects 的基础和高级操作，还能亲自动手完成多个实际项目，积累丰富的实践经验。本书内容深入浅出，适合计算机应用专业、数字媒体技术应用专业、计算机平面设计专业学生学习，也可作为相关专业基础课程的教材或相关领域从业者的学习资料。

图书在版编目（CIP）数据

影视后期制作 / 周俊平主编 . -- 2 版 . -- 北京：
北京理工大学出版社，2024.11.
ISBN 978-7-5763-4587-2

Ⅰ . TP317.53

中国国家版本馆 CIP 数据核字第 2024ZN6944 号

责任编辑: 钟 博　　**文案编辑:** 钟 博
责任校对: 刘亚男　　**责任印制:** 施胜娟

出版发行 / 北京理工大学出版社有限责任公司
社　　址 / 北京市丰台区四合庄路 6 号
邮　　编 / 100070
电　　话 / （010）68914026（教材售后服务热线）
　　　　　　（010）63726648（课件资源服务热线）
网　　址 / http://www.bitpress.com.cn

版 印 次 / 2024 年 11 月第 2 版第 1 次印刷
印　　刷 / 定州市新华印刷有限公司
开　　本 / 889 mm × 1194 mm　1/16
印　　张 / 12.5
字　　数 / 260 千字
定　　价 / 89.00 元

前言

　　党的二十大提出了创新驱动发展战略与文化产业兴盛的重要性，而影视后期制作正凭借其巨大的影响力和无限的潜能，引领着信息传播的新风尚，彰显了数字时代文化创新的蓬勃生机与丰硕成果。

　　After Effects 2023 软件是动态图形图像、网页设计人员以及专业的电视后期编辑人员所使用的一款功能强大的影视后期特效软件，其简单友好的工作界面、方便快捷的操作方式使视频编辑进入家庭成为可能。从普通的视频处理到高端的影视特效制作，After Effects 2023 都能应付自如。

　　After Effects 2023 可以帮助用户高效、精确地创建各种动态图形图像和视觉效果。通过与其他 Adobe 软件的紧密集成，高度灵活的 2D、3D 合成，以及数百种预设的效果和动画，After Effects 2023 能为电影、视频、DVD 和 Macromedia Flash 作品增添令人激动的效果。其全新的流线型工作界面、曲线编辑器为用户带来耳目一新的感觉。

　　为了使读者能够更好地学习，我们对本书内容进行了精心的编排，希望通过基础知识与实例相结合的方式，让读者以最有效的方式尽快掌握 After Effects 2023 的应用。

1. 本书内容

　　本书以学以致用为写作出发点，系统并详细地讲解了 After Effects 2023 的使用方法和操作技巧。

　　全书共分 10 个项目，讲解了 After Effects 基础入门、图层的应用、蒙版工具的应用、创建动画、文字效果、视频效果、过渡和调色效果、抠像与合成、视频渲染以及综合案例等内容。

本书由浅入深、循序渐进地介绍了 After Effects 2023 的使用方法和操作技巧。每个项目都围绕实例进行讲解，便于读者掌握 After Effects 2023 的基本功能。

本书内容翔实，结构清晰，语言流畅，实例分析透彻，操作步骤简洁实用，适合广大初学 After Effects 2023 的读者阅读，也可作为各类院校相关专业的教材。

2. 本书特色

本书以提高读者的动手能力为出发点，覆盖了 After Effects2023 视频编辑的技术与技巧。每个项目以一个实际案例展开，由浅入深、由易到难，逐步引导读者系统地掌握 After Effects2023 的操作技能和相关行业知识。本书的项目 10 列举了 3 个影视制作的综合案例，通过详细的步骤和图解，帮助读者更直观地理解影视后期制作的过程和结果。

3. 免费素材

本书附带素材文件、场景文件、效果文件、教学视频，读者在学习本书内容时，可以调用这些资源进行深入理解。

本书凝结了许多优秀教师的心血，在这里衷心地感谢对本书的出版给予帮助的编辑老师、视频测试老师，感谢读者们！

由于编者水平有限，书中难免存在不足之处，敬请广大读者批评指正。

编　者

目录

项目 1　完成第一个 After Effects 作品　/ 1

学习目标 ·· 1

项目拆解 ·· 1

知识准备 ·· 2

　知识点 1　After Effects 2023 的工作界面 ················ 2

　知识点 2　"项目"面板 ·································· 5

　知识点 3　"合成"面板 ·································· 6

　知识点 4　"时间轴"面板 ······························ 8

　知识点 5　"效果和预设"面板 ·························· 8

　知识点 6　"预览"面板 ·································· 8

　知识点 7　项目基本操作 ································ 9

　知识点 8　素材基本操作 ································ 11

项目实施 ·· 15

课后练习——新建一个宽银幕合成文件 ··················· 19

拓展阅读——非线性编辑基础知识 ······················ 20

项目 2　图层的应用——制作儿童节海报　/ 21

学习目标 ·· 21

项目拆解 ·· 21

知识准备 ·· 22

　知识点 1　图层的基本操作 ······························ 22

　知识点 2　图层的混合模式 ······························ 28

　知识点 3　图层样式 ···································· 31

　知识点 4　"文本"图层 ·································· 33

　知识点 5　"纯色"图层 ·································· 34

　知识点 6　"灯光"图层 ·································· 35

知识点7　"摄像机"图层 ……………………………………………………… 36

知识点8　"空对象""形状"和"调整"图层 …………………………………… 37

项目实施 ……………………………………………………………………………… 38

课后练习——使用"空对象"图层制作缩放动画效果 ………………………………… 44

拓展阅读——图层的分类 ……………………………………………………………… 45

项目3　蒙版工具的应用——制作旅游宣传广告　/ 46

学习目标 …………………………………………………………………………… 46

项目拆解 …………………………………………………………………………… 46

知识准备 …………………………………………………………………………… 47

知识点1　蒙版工具 ……………………………………………………………… 47

知识点2　矩形工具和圆角矩形工具 …………………………………………… 48

知识点3　钢笔工具 ……………………………………………………………… 48

知识点4　椭圆工具、多边形工具和星形工具 ………………………………… 50

知识点5　画笔工具 ……………………………………………………………… 51

知识点6　橡皮擦工具 …………………………………………………………… 52

项目实施 …………………………………………………………………………… 53

课后练习——制作运动海报 ………………………………………………………… 58

拓展阅读——蒙版创建方法 ………………………………………………………… 58

项目4　创建动画——制作音乐产品标志动画　/ 61

学习目标 …………………………………………………………………………… 61

项目拆解 …………………………………………………………………………… 61

知识准备 …………………………………………………………………………… 62

知识点1　了解关键帧动画 ……………………………………………………… 62

知识点2　关键帧的基本操作 …………………………………………………… 62

知识点3　创建关键帧动画 ……………………………………………………… 65

知识点4　使用"动画预设"制作动画效果 …………………………………… 67

项目实施 …………………………………………………………………………… 68

课后练习——制作同心圆背景动画 ………………………………………………… 74

拓展阅读——After Effects 2023动画类型 ……………………………………… 74

项目5　文字效果——制作电影片尾字幕　/ 77

学习目标 …………………………………………………………………………… 77

项目拆解 …………………………………………………………………………… 77

知识准备 …………………………………………………………………………… 78

知识点 1　创建文字的方法 ·· 78

知识点 2　"字符"面板 ·· 80

知识点 3　"段落"面板 ·· 81

知识点 4　文字路径 ·· 82

知识点 5　文字动画 ·· 84

知识点 6　3D 文字属性 ··· 87

知识点 7　文字动画预设 ·· 88

项目实施 ··· 89

课后练习——制作 Vlog 片头文字动画 ······································ 94

拓展阅读——使用效果滤镜创建文字 ·· 94

项目 6　视频效果——制作美食宣传动画　/ 97

学习目标 ··· 97

项目拆解 ··· 97

知识准备 ··· 98

知识点 1　3D 通道 ·· 98

知识点 2　风格化 ·· 100

知识点 3　过时 ·· 105

知识点 4　模糊和锐化 ·· 107

知识点 5　模拟 ·· 108

知识点 6　扭曲 ·· 110

知识点 7　生成 ·· 112

知识点 8　时间 ·· 114

知识点 9　透视 ·· 114

知识点 10　杂色和颗粒 ··· 115

项目实施 ··· 116

课后练习——制作发光文字动画 ·· 123

拓展阅读——视频效果添加方法 ·· 124

项目 7　过渡和调色效果——制作科技宣传片　/ 125

学习目标 ··· 125

项目拆解 ··· 125

知识准备 ··· 126

知识点 1　擦除类过渡效果 ·· 126

知识点 2　CC 类过渡效果 ·· 129

知识点 3　通道类调色效果 ·· 130

知识点 4   颜色校正类调色效果 ··· 131

项目实施 ·· 135

课后练习——制作晴朗风光效果 ·· 141

拓展阅读——视频调色方法 ··· 142

项目 8   抠像与合成——制作 AI 智能屏幕动画   / 143

学习目标 ·· 143

项目拆解 ·· 143

知识准备 ·· 144

知识点 1   了解抠像与合成 ··· 144

知识点 2   抠像类视频效果 ··· 144

知识点 3   KeyLight（1.2） ··· 147

项目实施 ·· 148

课后练习——使用颜色范围制作服饰主图广告 ······················ 154

拓展阅读——抠像的作用 ··· 154

项目 9   视频渲染——渲染美食栏目包装视频   / 155

学习目标 ·· 155

项目拆解 ·· 155

知识准备 ·· 156

知识点 1   将当前文件添加到渲染队列 ··································· 156

知识点 2   渲染设置 ··· 157

知识点 3   输出模块设置 ··· 158

知识点 4   渲染常用的格式 ··· 159

项目实施 ·· 160

课后练习——渲染女装广告视频 ·· 162

拓展阅读——渲染的含义与常用格式 ······································· 163

项目 10   综合案例   / 164

学习目标 ·· 164

项目拆解 ·· 164

项目实施 ·· 165

综合案例一   制作振兴乡村片头动画 ······································· 165

综合案例二   制作星空穿梭特效动画 ······································· 173

综合案例三   制作江南旅游宣传动画 ······································· 179

完成第一个 After Effects 作品

After Effects 2023 是一款层级式的图形视频处理软件，它相对于NUKE、Fusion等节点式视频处理软件的优点有简单易学、操作快捷、支持的文件格式繁多和第三方插件强大等，因此它深受广大用户及相关行业人员的喜爱。After Effects 2023 不仅能整合各种类型的文件素材，还能够通过其强大的特效滤镜，快速地制作出酷炫的特效。本项目详细讲解 After Effects 2023 的工作界面和各种面板，以及项目和素材的基本操作方法，帮助读者完成第一个 After Effects 作品。

学习目标

【知识目标】
- 了解 After Effects 2023 的工作界面。
- 掌握项目和素材的基本操作方法。

【能力目标】
- 熟悉各种面板的操作思路和过程，能够根据视频需求进行操作。
- 掌握各种项目的应用方法和技巧，能够运用相关软件或工具进行操作。

【素养目标】
- 培养工作界面的认识能力，能够独立运用工作界面制作出各种视频效果。
- 培养对素材的编辑和操作能力，能够运用素材合成各种视频效果。

项目拆解

（1）认识 After Effects 2023 的工作界面。
（2）熟悉各种面板的操作方法。
（3）掌握项目和素材的基本操作方法。

ZHISHI ZHUNBEI

知识准备

知识点1 After Effects 2023的工作界面

After Effects 2023 的工作界面主要由标题栏、菜单栏、工具栏、“效果控件”面板、“效果和预设”面板、“项目”面板、“合成”面板、“时间轴”面板、“信息”面板以及多个控制面板组成，如图 1–1 所示①。在 After Effects 2023 的工作界面中，单击选中某个面板，则被选中面板的边框将呈现蓝色。

菜单栏
标题栏
工具栏
“合成”面板
“项目”面板
“信息”面板
“时间轴”面板

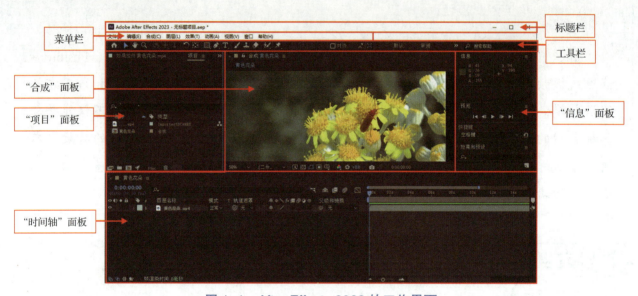

图 1–1　After Effects 2023 的工作界面

1. 标题栏

标题栏位于 After Effects 2023 工作界面的最上方，用于显示软件版本、文件名称等基本信息。

2. 菜单栏

菜单栏根据程序功能分组排列，可以分成“文件”“编辑”“合成”“图层”“效果”“动画”“视图”“窗口”和“帮助”9 个菜单，如图 1–2 所示。

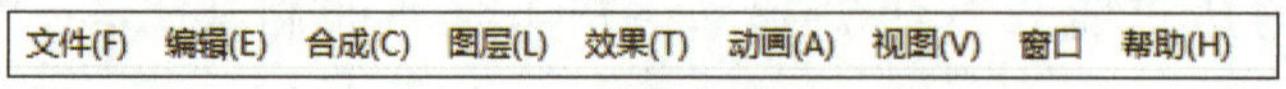

文件(F) 编辑(E) 合成(C) 图层(L) 效果(T) 动画(A) 视图(V) 窗口 帮助(H)

图 1–2　菜单栏

下面对各菜单进行详细介绍。

（1）“文件”菜单：该菜单主要包含“新建”“打开项目”“关闭”“保存”及“导入”等命令，如图 1–3 所示。

（2）“编辑”菜单：该菜单包含“剪切”“复制”“粘贴”“拆分图层”以及“首选项”等命令，如图 1–4 所示。

① 注：图中并未标示所有面板。

图 1-3　"文件"菜单

图 1-4　"编辑"菜单

（3）"合成"菜单：该菜单主要包含"新建合成""合成设置""设置海报时间""添加到渲染队列""预览""帧另存为""合成流程图"等命令，如图 1-5 所示。

（4）"图层"菜单：该菜单包含"新建""纯色设置""打开图层""蒙版""混合模式""图层样式"等命令，如图 1-6 所示。

图 1-5　"合成"菜单

图 1-6　"图层"菜单

（5）"效果"菜单：该菜单主要包含"效果控件""3D 通道""表达式控制""沉浸式视频""风格化""过渡""抠像""扭曲""生成"以及"通道"等命令，如图 1-7 所示。

（6）"动画"菜单：该菜单主要包含"将动画预设应用于""浏览预设""添加关键帧""切换定格关键帧""关键帧辅助""动画文本""添加文本选择器"等命令，如图 1-8 所示。

图1-7　"效果"菜单

图1-8　"动画"菜单

（7）"视图"菜单：该菜单主要包含"放大""缩小""显示标尺""显示参考线""显示网格""切换视图布局""切换3D视图"等命令，如图1-9所示。

（8）"窗口"菜单：该菜单包含"工作区""信息""元数据""学习""工具""画笔""绘画""跟踪器""进度""音频"等命令，如图1-10所示。

（9）"帮助"菜单：该菜单包含"After Effects帮助""After Effects应用内教程""表达式引用""动画预设""系统兼容性报告"等命令，如图1-11所示。

图1-9　"视图"菜单

图1-10　"窗口"菜单

图1-11　"帮助"菜单

3. 工具栏

工具栏包含选择工具、旋转工具、钢笔工具组、文字工具组等10多种工具及工具组，如图 1-12 所示。

图 1-12　工具栏

下面对工具栏中的各个工具或工具组进行介绍。

（1）选择工具▶：该工具用于选择素材，也可以在"合成"面板或"图层"面板中选取或移动素材。

（2）缩放工具✋：该工具用于在"合成"面板或"图层"面板中拖动素材的视图显示位置。

（3）缩放工具🔍：该工具用于放大或缩小显示素材画面。

（4）绕光标旋转工具：该工具用于通过绕光标单击位置来移动摄像机。

（5）在光标下移动工具：该工具用于通过平移速度相对于光标单击位置来移动摄像机。

（6）向光标方向推拉镜头工具：该工具用于将镜头从合成中心推向光标中心位置。

（7）旋转工具↻：该工具用于在"合成"面板或"图层"面板中旋转素材。

（8）向后平移（锚点）工具：该工具用于向后移动素材。

（9）形状工具组■：该工具组包含矩形工具、圆角矩形工具、椭圆工具、多边形工具和星形工具，主要用于在画面中创建矩形、椭圆等形状或蒙版。

（10）钢笔工具组：该工具组包含钢笔工具、添加"顶点"工具、删除"顶点"工具、转换"顶点"工具和蒙版羽化工具，主要用于为素材添加路径或蒙版。

（11）文字工具组T：该工具组包含横排文字工具和直排文字工具，主要用于为素材添加文字效果。

（12）画笔工具：该工具用于在画面中绘制各种图像效果。

（13）仿制图章工具：该工具用于指定某位置的颜色后，通过指定颜色进行图像绘制。

（14）橡皮擦工具◆：该工具用于擦除多余的图像。

（15）Roto 笔刷工具：该工具用于帮助用户从正常时间片段中拖出前景。

（16）人偶位置控点工具：该工具用于设置控点的位置。

4. 各个面板

在 After Effects 2023 的工作界面中有"项目""合成""时间轴""效果和预设"等面板。在不同的面板中可以进行不同的操作，在本项目的其他知识点中会对常用面板的功能进行介绍。

知识点2　"项目"面板

在"项目"面板中可以新建合成文件、文件夹等，也可以导入素材，还可以显示或存放项目中的素材和合成文件。"项目"面板的中间区域为素材信息栏，从左到右依次显示名称、

类型、大小、媒体持续时间、文件路径等信息，
如图 1-13 所示。

"项目"面板中各常用选项的含义如下。

（1）面板菜单 ☰：该按钮位于"项目"面
板的上方，单击该按钮，将展开面板菜单，如图
1-14 所示，通过面板菜单中的各个命令可以对
面板进行关闭、浮动等操作。

（2）搜索栏 🔍：用于搜索素材或合成
文件。

图 1-13   "项目"面板

（3）解释素材 ：单击该按钮，可以设置素材的 Alpha 通道和帧速率等参数值。

（4）新建文件夹 ：单击该按钮，可以新建文件夹来管理项目素材。

（5）新建合成文件 ：单击该按钮，可以新建合成文件。

（6）打开"项目设置"对话框并调整项目渲染参数 ：单击该按钮，将打开"项目设置"
对话框，如图 1-15 所示，在该对话框中可以对项目文件和项目渲染参数进行设置。

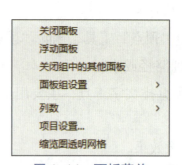

图 1-14   面板菜单

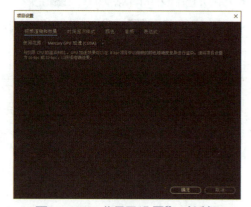

图 1-15   "项目设置"对话框

（7）删除所选项目文件 ：单击该按钮，可以删除选定的素材、合成文件等项目文件。

知识点3   "合成"面板

在"合成"面板中可以预览图层的合成效果，如图 1-16 所示。

图 1-16   "合成"面板

"合成"面板中各常用选项的含义如下。

（1）放大率 (33.3%)：该列表用于显示文件的放大率，如图 1-17 所示。

（2）分辨率 (二分_)：该列表用于显示文件的分辨率，如图 1-18 所示。

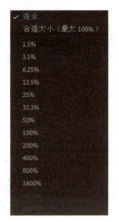

图 1-17　"放大率"列表

图 1-18　"分辨率"列表

（3）快速预览：单击该按钮，将展开列表，在该列表中可以进行预览参数设置，如图 1-19 所示。

（4）切换透明网格：单击该按钮，可以将背景呈现为透明网格的形式。

（5）切换蒙版和形状路径可见性：单击该按钮，可以切换蒙版和形状路径可见性。

（6）目标区域：单击该按钮，可以显示合成图形的目标区域。

（7）网格线和辅助线：单击该按钮，将展开列表，在该列表中可以对网格线、辅助线等参数进行设置，如图 1-20 所示。

（8）颜色：单击该按钮，将展开列表，在该列表中可以显示红色通道、绿色通道、蓝色通道和 Alpha 通道等，如图 1-21 所示。

图 1-19　"快速预览"列表

图 1-20　"网格线和辅助线"列表

图 1-21　"颜色"列表

（9）重置曝光度：单击该按钮，可以重新设置图像的曝光度。

（10）调整曝光度 +0.0：用于修改图像的曝光度。

（11）拍摄快照：单击该按钮，可以捕获界面的快照。

（12）预览时间 0:00:00:00：用于设置时间线跳转到某一时刻。

知识点4　"时间轴"面板

"时间轴"面板用于进行组接、编辑视/音频、修改素材参数、创建动画、新建不同类型的图层等操作，大多数视频编辑操作都是在"时间轴"面板中完成的，如图1-22所示。

图1-22　"时间轴"面板

"时间轴"面板中各常用选项的含义如下。

（1）时间 [0:00:00:00]：用于显示当前时间线停留的时间，单击该数值框，还可以对停留时间进行编辑。

（2）合成微型流程图 ：单击该按钮，可以合成微型流程图。

（3）消隐 ：单击该按钮，可以隐藏设置了"消隐"开关的所有图层。

（4）帧混合 ：单击该按钮，可以打开或关闭全部对应图层中的帧混合。

（5）运动模糊 ：单击该按钮，可以打开或关闭全部对应图层中的运动模糊。

（6）图表编辑器 ：单击该按钮，可以打开或关闭关键帧的"图表编辑器"窗格。

（7）图层开关 ：单击该按钮，可以打开或关闭"图层开关"窗格。

（8）转换控制 ：单击该按钮，可以打开或关闭"转换控制"窗格。

（9）入点/出点/持续时间/伸缩 ：单击该按钮，可以打开或关闭"入点/出点/持续时间/伸缩"窗格。

（10）渲染时间 ：单击该按钮，可以打开或关闭"渲染时间"窗格。

知识点5　"效果和预设"面板

"效果和预设"面板用于为素材文件添加各种视频、音频和预设效果。该面板包含很多常用的视频效果、音频效果、过渡效果、抠像效果和调色效果等，如图1-23所示。

知识点6　"预览"面板

"预览"面板用于控制预览，包括播放、暂停、上一帧、下一帧、在回放前缓存等功能，如图1-24所示。

图 1-23 "效果和预设"面板

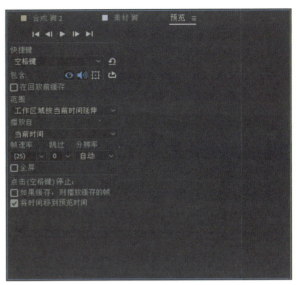

图 1-24 "预览"面板

知识点7 项目基本操作

在熟悉了 After Effects 2023 的工作界面和面板后，可以对项目文件进行新建、打开、保存和关闭操作。下面详细讲解项目的基本操作方法。

1. 新建项目

在启动 After Effects 2023 后，需要新建个项目，才能进行其他编辑操作。新建项目的方法主要有以下几种。

（1）在菜单栏中，执行"文件"|"新建"|"新建项目"命令，如图 1-25 所示。

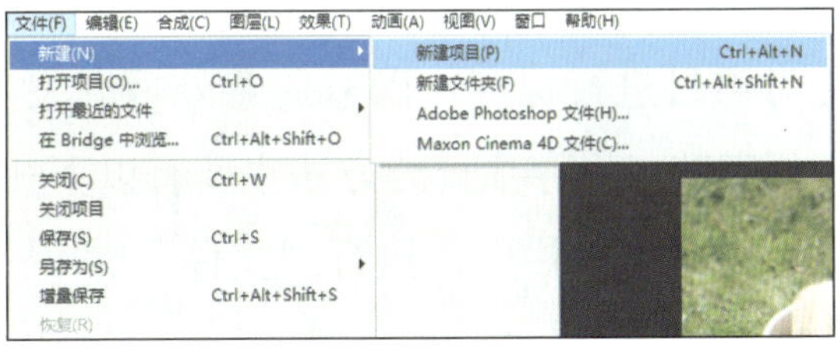

图 1-25 执行"文件"|"新建"|"新建项目"命令

（2）按快捷键"Ctrl+Alt+N"。

（3）在 After Effects 2023 的"欢迎界面"窗口中，单击"新建项目"按钮，如图 1-26 所示。

图 1-26 单击"新建项目"按钮

使用以上任何一种方法均可以新建项目。

2. 打开项目

在使用 After Effects 2023 进行视频编辑操作时，常常需要对项目文件进行改动或再设计，这时需要打开已有的项目。打开项目的方法主要有以下几种。

（1）在菜单栏中，执行"文件"|"打开项目"命令，如图 1-27 所示。

（2）按快捷键"Ctrl+O"。

（3）在 After Effects 2023 的"欢迎界面"窗口中，单击"打开项目"按钮，如图 1-28 所示。

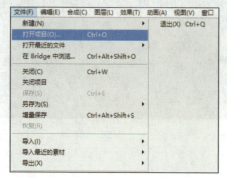

图 1-27　执行"文件"|"打开项目"命令

图 1-28　单击"打开项目"按钮

使用以上任何一种方法均可以打开"打开"对话框，如图 1-29 所示，在对应的文件夹中选择需要的项目文件，单击"打开"按钮，即可打开项目。

3. 保存项目

使用"保存"命令可以在编辑视频的过程中随时对项目进行保存，以避免意外情况发生导致项目不完整。保存项目的方法主要有以下几种。

（1）在菜单栏中，执行"文件"|"保存"命令，如图 1-30 所示。

（2）按快捷键"Ctrl+S"。

使用以上任何一种方法均可以对项目进行保存操作。

图 1-29　"打开"对话框

如果不是第一次保存项目，而是需要将项目保存为副本或者重新命名，则可以使用"另存为"命令重新保存项目。只要在菜单栏中执行"文件"|"另存为"命令，在展开的子菜单中选择合适的命令即可，如图 1-31 所示。

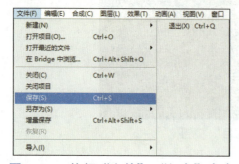

图 1-30　执行"文件"|"保存"命令

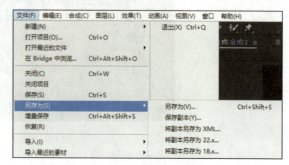

图 1-31　"另存为"子菜单

4. 关闭项目

使用"关闭项目"命令可以直接关闭不需要编辑的项目。关闭项目的方法很简单，只要在菜单栏中执行"文件"|"关闭项目"命令，如图 1-32 所示，即可关闭已经打开的项目。

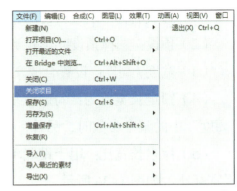

图 1-32　执行"文件"|"关闭项目"命令

知识点8　素材基本操作

在 After Effects 2023 中创建好项目后，需要先新建合成文件，然后才能对素材进行导入、替换、重命名等操作。下面详细讲解素材的基本操作方法。

1. 新建合成文件

使用"新建合成"命令，可以直接在"项目"面板中新建合成文件。在新建合成文件后，可以进行后期的视频编辑操作。新建合成文件的方法有以下几种。

（1）在菜单栏中，执行"合成"|"新建合成"命令，如图 1-33 所示。

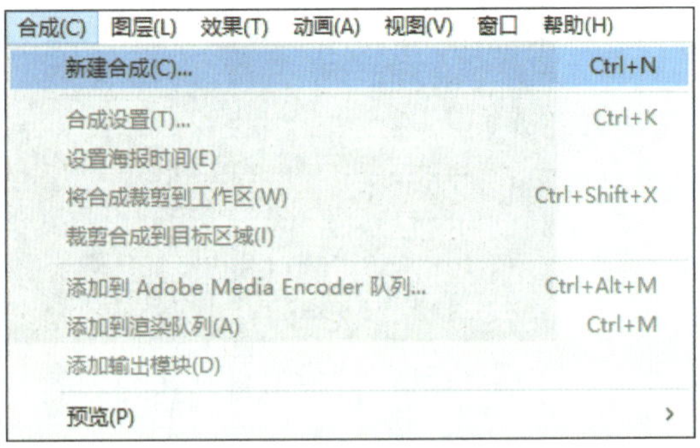

（2）在"项目"面板的空白处单击鼠标右键，

图 1-33　执行"合成"|"新建合成"命令

在弹出的快捷菜单中选择"新建合成"命令，如图 1-34 所示。

（3）按快捷键"Ctrl+N"。

使用以上任何一种方法均可以打开"合成设置"对话框，在该对话框中可以设置合成名称、宽度、高度、像素长宽比等参数，如图 1-35 所示，单击"确定"按钮，即可新建合成文件。

图 1-34　选择"新建合成"命令

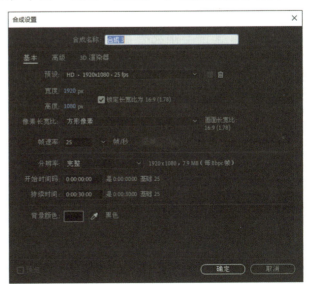

图 1-35　"合成设置"对话框

"合成设置"对话框中各常用选项的含义如下。

（1）合成名称：设置新建的合成文件的名称。

（2）预设：选择预设的影片类型，也可以选择"自定义"选项来自行设置影片类型。

（3）宽度 / 高度：设置合成文件的尺寸，单位为 px（即像素）。

（4）锁定长宽比为：勾选该复选框，将锁定合成文件的宽高比，这样当调节"宽度"和"高度"中的某个参数时，另外一个参数也会按照比例自动进行调整。

（5）像素长宽比：用于设置单个像素的宽高比，可以在右侧的下拉列表中选择预设的像素宽高比，如图 1-36 所示。

（6）帧速率：设置合成文件的帧速率。

（7）分辨率：设置合成文件的分辨率，共有 4 个预设选项，如图 1-37 所示。

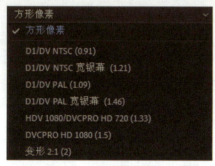

图 1-36　"像素长宽比"列表

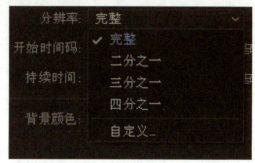

图 1-37　"分辨率"列表

（8）开始时间码：设置合成文件开始的时间码，在默认情况下从第 0 帧开始。

（9）持续时间：设置合成文件的持续时间。

（10）背景颜色：设置合成文件的背景颜色。

在"合成设置"对话框中，切换至"高级"选项卡，可以对高级参数进行设置，如图 1-38 所示。

"高级"选项卡中各常用选项的含义如下。

（1）锚点：设置合成文件的轴心点。当修改合成文件的尺寸时，锚点位置决定了如何裁切和扩大图像范围。

（2）在嵌套时或在渲染队列中，保留帧速率：勾选该复选框后，在进行嵌套合成或在渲染队列中时可以继承原始合成文件的帧速率。

（3）在嵌套时保留分辨率：勾选该复选框后，在进行嵌套合成时可以保持原始合成文件的分辨率。

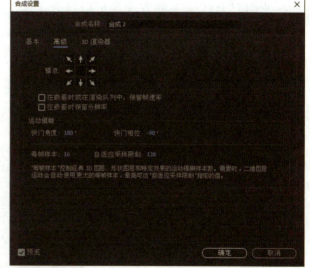

图 1-38　"高级"选项卡

（4）快门角度：如果开启了图层的运动模糊开关，该参数可以影响运动模糊的效果。

（5）快门相位：设置运动模糊的方向。

（6）每帧样本：该参数可以控制 3D 图层、形状图层和包含特定效果图层的运动模糊效果。

（7）自适应采样限制：当图层运动模糊需要更多的帧取样时，可以通过增大该参数值来增强运动模糊效果。

2. 导入素材

素材是 After Effects 2023 的基本构成元素，使用"导入"命令可以将动态视频、静帧图像、静帧图像序列、音频文件、Photoshop 文件、Illustrator 文件、After Effects 工程中的其他合成文件、Premiere 工程文件等素材导入"项目"面板。

导入素材的方法主要有以下 4 种。

（1）在菜单栏中，执行"文件"|"导入"|"文件"/"多个文件"命令，如图 1-39 所示。

（2）在"项目"面板的空白处单击鼠标右键，在弹出的快捷菜单中选择"导入"|"文件"/"多个文件"命令，如图 1-40 所示。

（3）按快捷键"Ctrl+I"或"Ctrl+Alt+I"。

（4）在"项目"面板的空白处双击。

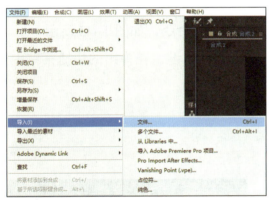

图 1-39　执行"文件"|"导入"|"文件"/
"多个文件"命令

图 1-40　选择"导入"|"文件"/"多个文件"
命令

使用以上任何一种方法均可以打开"导入文件"对话框，如图 1-41 所示（或"导入多个文件"对话框，如图 1-42 所示），在对应的文件夹中选择单个或多个素材，单击"导入"按钮，即可导入素材。

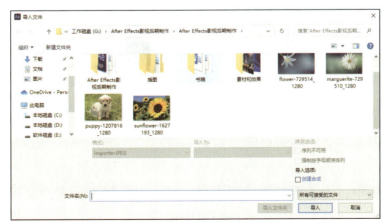

图 1-41　"导入文件"对话框

使用"文件"和"多个文件"命令虽然都可以导入素材，但是它们导入素材的方式有差别。在执行"文件"命令后，"导入文件"对话框中显示"导入"和"取消"按钮，也就是说导入素材操作只能一次性完成，在选择好素材后单击"导入"按钮即可导入素材；而在执行"多个文件"命令后，"导入多个文件"对话框（图1-42）中显示的是"导入"和"完成"按钮，在选择好素材后单击"导入"按钮即可导入素材，但是"导入多个文件"对话框仍然不会关闭，此时还可以继续导入其他素材，只有单击"完成"按钮才能完成导入素材操作。

图1-42　"导入多个文件"对话框

3. 替换素材

在编辑素材时，如果对已经导入的素材不满意，则可以使用"替换素材"命令重新替换素材。

替换素材的方法主要有以下3种。

（1）在菜单栏中，执行"文件"|"替换素材"|"文件"命令，如图1-43所示。

（2）在"项目"面板中选择需要替换的素材，单击鼠标右键，在弹出的快捷菜单中选择"替换素材"|"文件"命令，如图1-44所示。

（3）按快捷键"Ctrl+H"。

图1-43　执行"文件"|"替换素材"|"文件"命令　　图1-44　选择"替换素材"|"文件"命令

使用以上任何一种方法均可以打开"替换素材文件"对话框，在对应的文件夹中选择需要替换的素材，单击"导入"按钮，即可替换素材。

4. 重命名素材

在"项目"面板中，为了更好地管理素材，可以对素材进行重命名操作。重命名素材的方法很简单，只要在"项目"面板的素材列表中选择素材，然后单击鼠标右键，在弹出的快捷菜单中选择"重命名"命令，如图 1-45 所示，再输入新名称即可。

图 1-45 选择"重命名"命令

>>> 项目实施

1. 解析设计思路与设计方案

本项目要求设计一个爱护动物的视频，其设计灵感来源于动物保护理念，选用了"猫咪"作为视频的主角，最后搭配文字效果，完成整个视频的设计与制作。

本项目的最终效果如图 1-46 所示，具体步骤如下。

（1）新建项目。

（2）导入素材。

（3）编辑素材。

（4）为素材添加视频效果。

（5）渲染输出视频。

图 1-46 爱护动物的视频效果

2. 新建项目

（1）启动 After Effects 2023，在"欢迎界面"窗口中，单击"新建项目"按钮，如图 1-47 所示，即可新建项目。

（2）在"项目"面板的空白处单击鼠标右键，在弹出的快捷菜单中选择"新建合成"命令，如图 1-48 所示。

图 1-47 单击"新建项目"按钮

图 1-48 选择"新建合成"命令

（3）打开"合成设置"对话框，修改"合成名称"为"合成 1"，"宽度"为"1 920 px"，"高度"为"1 080 px"，"帧速率"为"25"，单击"确定"按钮，如图 1-49 所示。

（4）新建合成文件，并在"项目"面板中显示，如图1-50所示。

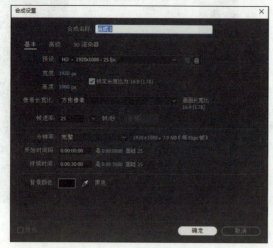

图1-49　修改参数值

图1-50　新建合成文件

3. 导入素材

（1）在"项目"面板中的空白处单击鼠标右键，在弹出的快捷菜单中选择"导入"|"文件"命令，如图1-51所示。

（2）打开"导入文件"对话框，在对应的文件夹中选择需要导入的素材，如图1-52所示。

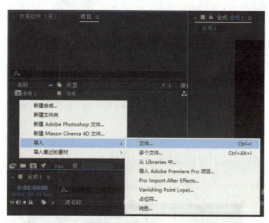

图1-51　选择"导入"|"文件"命令

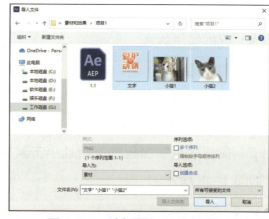

图1-52　选择需要导入的素材

（3）单击"导入"按钮，即可将选择的素材导入"项目"面板，如图1-53所示。

图1-53　导入素材

4. 编辑素材

（1）在"项目"面板中选择"小猫1"图像素材，按住鼠标左键并拖拽，将其添加至"时间轴"面板中，如图 1-54 所示。

（2）在"时间轴"面板中，依次展开"小猫1"|"变换"选项，修改"缩放"参数为"82"，如图 1-55 所示。

图 1-54　拖拽图像素材

图 1-55　修改参数值

（3）更改图像的显示大小，如图 1-56 所示，并在"合成"面板中预览调整后的图像效果。

（4）在"项目"面板中选择"小猫2"图像素材，按住鼠标左键并拖拽，将其添加至"时间轴"面板中，然后依次展开"小猫2"|"变换"选项，修改"位置"参数为"1 500"和"774"，"缩放"参数为"39"，如图 1-57 所示。

图 1-56　更改图像的显示大小

图 1-57　修改参数值

（5）更改图像的显示大小和位置，如图 1-58 所示，并在"合成"面板中预览调整后的图像效果。

（6）在"项目"面板中选择"文字"图像素材，按住鼠标左键并拖拽，将其添加至"时间轴"面板中，然后依次展开"文字"|"变换"选项，修改"位置"参数为"400"和"860"，"缩放"参数为"45"，如图 1-59 所示。

（7）更改图像的显示大小和位置，如图 1-60 所示，并在"合成"面板中预览调整后的图像效果。

图 1-58　更改图像的显示大小和位置

图 1-59　修改参数值

图 1-60　更改图像的显示大小和位置

5. 为素材添加视频效果

（1）选择"时间轴"面板中的"小猫 2"图层，在菜单栏中执行"效果"|"风格化"|"卡通"命令，如图 1-61 所示。

（2）为选择的"小猫 2"图层添加"卡通"视频效果，如图 1-62 所示。

（3）选择"时间轴"面板中的"小猫 2"图层，在菜单栏中执行"效果"|"遮罩"|"调整柔和遮罩"命令，即可为选择的"小猫 2"图层添加"调整柔和遮罩"视频效果，如图 1-63 所示。

图 1-61　执行"效果"|"风格化"|"卡通"命令

图 1-62　添加"卡通"视频效果

图 1-63　添加"调整柔和遮罩"视频效果

6. 渲染输出视频

（1）执行"文件"|"导出"|"添加到渲染队列"命令，如图 1-64 所示。

（2）在"渲染队列"面板中，单击"尚未指定"文字链接，如图 1-65 所示。

图 1-64　执行"文件"|"导出"|"添加到渲染队列"命令

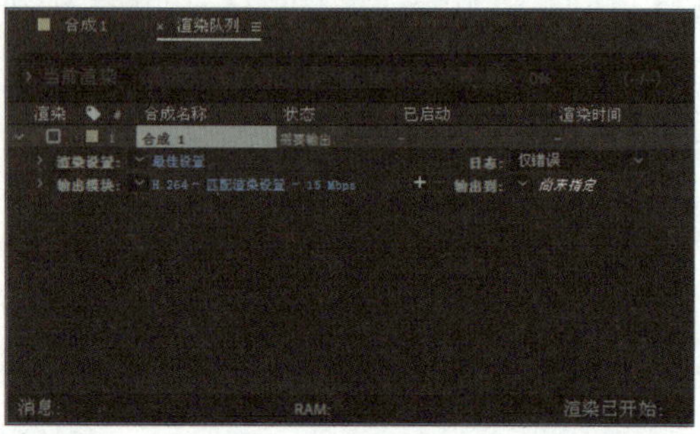

图 1-65　单击"尚未指定"文字链接

（3）打开"将影片输出到"对话框，修改文件名称和保存路径，单击"保存"按钮，如图 1-66 所示。

（4）完成输出路径的设置，然后在"渲染队列"面板中，单击"渲染"按钮，如图 1-67 所示，即可渲染输出视频。至此，整个项目制作完成。

图 1-66　单击"保存"按钮

图 1-67　单击"渲染"按钮

新建一个宽银幕合成文件

新建一个宽银幕合成文件（图 1-68）。首先新建一个"像素长宽比"为"D1/DV NTSC 宽银幕（1.21）"的合成文件，然后对素材进行导入和编辑操作，最后完成合成视频效果的制作（素材 / 项目 1/ "烟花 .jpg"、效果 / 项目 1/ "课后练习 .aep"）。

图 1-68　宽银幕合成文件

拓展阅读　非线性编辑基础知识

　　非线性编辑是指应用计算机图形图像技术等，在计算机中对各种原始素材进行编辑操作，并将最终结果输出到硬盘、光盘以及磁带等记录设备上的一系列完整工艺过程。一个完整的非线性编辑系统主要由计算机、视频卡（或 IEEE1394 卡）、声卡、高速硬盘、专用特效卡以及外围设备构成。

　　相对于线性编辑，非线性编辑是在计算机中利用数字信息进行的视频、音频编辑，只需要使用鼠标和键盘就可以完成相关操作。取得数字视频素材的方式主要有两种。

　　（1）先采集录像带中的片段，即把模拟信号转换为数字信号，然后存储到硬盘中进行编辑。在现在电影、电视的很多特效的制作过程中，就是采用这种方式取得数字视频素材，在计算机中进行特效处理后输出影片。

　　（2）用数码摄像机直接拍摄得到数字视频素材。数码摄像机在拍摄中及时将拍摄的内容转换成数字视频素材，只需在拍摄完成后，将需要的数字视频素材输入计算机即可。

项目 2

图层的应用——制作儿童节海报

　　图层是 After Effects 2023 的核心元素之一，所有设计作品的创作都离不开图层，它是创建复杂的视频画面、制作优秀设计作品的根本。本项目详细讲解 After Effects 2023 中图层的创建以及基本操作方法。本项目可以帮助读者快速掌握"文本"图层、"纯色"图层、"灯光"图层、"摄像机"图层、"空对象"图层和"形状"图层等图层的创建方法，读者可以通过这些图层创建视频中的文字、灯光阴影和作品背景等效果。

学习目标

【知识目标】

• 了解图层的概念和分类。

• 掌握图层的基本操作。

【能力目标】

• 熟悉各种图层的设计思路和设计过程，能够根据视频需求设计图层。

• 掌握各种图层的创建方法和创建技巧，能够运用相关软件或工具创建图层。

【素养目标】

• 培养图层的设计能力，能够独立制作各种图层效果。

• 培养图层的创建和操作能力，能够运用图层合成各种视频效果。

项目拆解

（1）新建项目和合成文件。

（2）创建"纯色"图层和"形状"图层。

（3）设置图层的混合模式和图层样式。

知识点1 图层的基本操作

在 After Effects 2023 中，可以对图层进行选择、复制、粘贴、删除、重命名、隐藏、显示与锁定等基本操作。下面详细讲解图层的基本操作方法。

1. 选择图层

在 After Effects 2023 中进行图层的选择操作时，可以选择单个图层，也可以选择多个图层。下面讲解选择图层的方法。

1）选择单个图层

选择单个图层的方法很简单，只要在"时间轴"面板中的图层上单击，即可选择对应的图层，如图 2-1 所示。

图 2-1 选择单个图层

2）选择多个图层

选择多个图层的方法有以下两种。

（1）在"时间轴"面板中，在按住 Ctrl 键的同时，依次单击相应的图层，即可选择这些图层，如图 2-2 所示。

图 2-2 选择多个图层

（2）在"时间轴"面板中，在按住 Shift 键的同时，依次单击起始图层和结束图层，即可连续选中这两个图层和它们之间的所有图层，如图 2-3 所示。

图 2-3　选择所有图层

2. 重命名图层

在创建好各个图层后，为了更好地查找与管理图层，可以对图层进行重命名操作。

重命名图层的方法很简单，在"时间轴"面板中选择要重命名的图层，单击鼠标右键，在弹出的快捷菜单中选择"重命名"命令，如图 2-4 所示，或者在选择图层后按 Enter 键，均可以打开图层名称输入框，输入新名称，如图 2-5 所示，输入完成后，单击其他图层位置，或者再次按 Enter 键即可完成图层的重命名操作。

图 2-4　选择"重命名"命令

图 2-5　输入新名称

3. 创建图层

在 After Effects 2023 中，创建图层的方法有以下几种。

（1）在菜单栏中执行"图层"|"新建"命令，在展开的子菜单中，选择图层类型进行创建即可，如图 2-6 所示。

图 2-6　"新建"子菜单（1）

（2）在"时间轴"面板中，单击鼠标右键，打开快捷菜单，选择"新建"命令，在展开的子菜单中，选择图层类型进行创建即可，如图2-7所示。

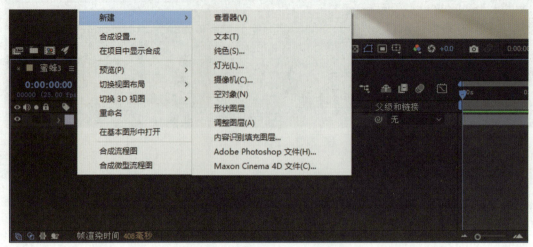

图2-7　"新建"子菜单（2）

4. 调整图层顺序

在After Effects 2023中创建图层后，可以调整图层顺序，让视频产生不同的画面效果，如图2-8所示。

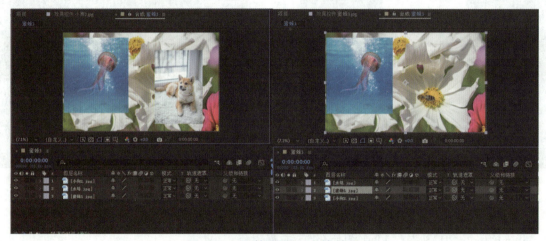

图2-8　调整图层顺序的效果

调整图层顺序的方法主要有以下两种。

（1）选择需要调整顺序的图层，按住鼠标左键并拖拽至某个图层的上方或下方后，释放鼠标左键，即可调整图层的顺序。

（2）选择需要调整顺序的图层，按快捷键"Ctrl+Shift+]"可以将图层置顶；按快捷键"Ctrl+Shift+["可以将图层置底；按快捷键"Ctrl+]"可以将图层向上移动一层；按快捷键"Ctrl+["可以将图层向下移动一层。

5. 图层的复制、粘贴与删除

在After Effects 2023中可以对图层进行复制、粘贴与删除与操作，下面介绍具体的操作方法。

1）复制图层

使用"复制"功能可以创建一个与原图层一模一样的图层。在 After Effects 2023 中，复制图层有以下几种情况。

如果在同一个合成文件中进行复制，则可以采用以下 3 种方法。

（1）在"时间轴"面板中，选择需要复制的图层，在菜单栏中执行"编辑"|"复制"命令，即可复制图层，如图 2-9 所示。

图 2-9　执行"编辑"|"复制"命令

技巧提示

如果在菜单栏中执行"编辑"|"带属性链接复制"命令或"带相对属性链接复制"命令，则可以只复制图层的部分属性，包括位置、大小、旋转、透明度等，这样能够更精确地控制图层的效果和动画。

（2）在"时间轴"面板中，选择需要复制的图层，按快捷键"Ctrl+C"，可以复制图层。

（3）在"时间轴"面板中，选择需要复制的图层，按快捷键"Ctrl+D"，可以复制图层。

复制图层后，在"时间轴"面板中会显示相同的图层，如图 2-10 所示。

图 2-10　复制图层的效果

如果在不同的合成文件之间进行图层的复制，则可以在选择图层后按快捷键"Ctrl+C"复制图层，然后在另一个合成文件中按快捷键"Ctrl+V"粘贴图层。

2）粘贴图层

使用"粘贴"功能可以对复制后的图层进行粘贴操作。在 After Effects 2023 中，复制与粘贴图层的方法有以下两种。

（1）在"时间轴"面板中复制图层后，在菜单栏中执行"编辑"|"粘贴"命令，即可粘贴复制后的图层，如图 2-11 所示。

（2）在"时间轴"面板中复制图层后，按快捷键"Ctrl+V"，即可粘贴图层。

3）删除图层

使用"删除"功能可以对多余的图层进行删除操作。在 After Effects 2023 中，删除图层的方法有以下两种。

（1）在"时间轴"面板中选择需要删除的图层，在菜单栏中，执行"编辑"|"清除"命令，如图 2-12 所示，即可删除图层。

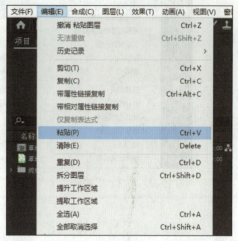

图 2-11　执行"编辑"|"粘贴"命令

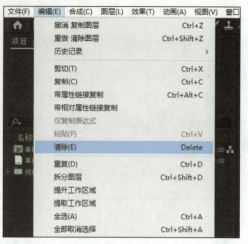

图 2-12　执行"编辑"|"清除"命令

（2）在"时间轴"面板中选择需要删除的图层后，按快捷键 Delete 键，即可删除图层。

6. 图层的隐藏、显示与锁定

在 After Effects 2023 中，当项目中存在大量的图层时，就需要锁定或隐藏一些不需要立即编辑的图层，以便更方便地管理图层。下面将对图层的隐藏、显示与锁定操作进行详细的讲解。

1）隐藏图层

使用"隐藏"功能可以将某些图层隐藏起来，以便减少视觉的干扰，将精力集中在其他图层的编辑上。

隐藏图层的方法很简单，在"时间轴"面板中选择需要隐藏的图层，单击其右侧的"隐藏"图标，即可隐藏该图层，如图 2-13 所示。

图 2-13　隐藏图层

如果需要同时隐藏多个图层，则可以在按住 Ctrl 键的同时，选择需要隐藏的多个图层，然后单击"隐藏"图标，如图 2-14 所示。

图 2-14　隐藏多个图层

2）显示图层

如果需要显示图层，则可以在"时间轴"面板中选择已经隐藏的图层，再次单击"隐藏"图标，如图 2-15 所示。

图 2-15　显示图层

3）锁定图层

使用"锁定"功能可以在进行某些复杂的编辑或对其他图层进行调整时，先将一些不需要编辑的图层进行锁定，以免误操作。

锁定图层的方法很简单，在"时间轴"面板中选择需要锁定的图层，单击其右侧的"锁定"图标，即可锁定图层，如图 2-16 所示。在锁定图层后，不能对该图层进行编辑和修改操作。

图 2-16　锁定图层

如果需要同时锁定多个图层，则可以在按住 Shift 键的同时，选择需要锁定的多个图层，然后单击"锁定"图标🔒，如图 2-17 所示。

图 2-17　锁定多个图层

知识点 2　图层的混合模式

图层的混合模式是指一个图层与其下图层的色彩叠加方式，在默认情况下，图层使用"正常"混合模式，除了"正常"混合模式，还有"叠加"等混合模式。

在 After Effects 2023 中，图层的混合模式有 30 多种（图 2-18），可以尝试使用每种混合模式，通过效果加深印象。

图 2-18　图层的混合模式

在 After Effects 2023 中，为图层添加混合模式的方法有以下 3 种。

（1）选择图层，在菜单栏中执行"图层" | "混合模式"命令，在展开的子菜单中选择相应的图层混合模式即可，如图 2-19 所示。

（2）在"时间轴"面板中的图层上单击鼠标右键，在弹出的快捷菜单中选择"混合模式"命令，在展开的子菜单中选择相应的图层混合模式即可，如图 2-20 所示。

图 2-19　"混合模式"子菜单（1）

图 2-20　"混合模式"子菜单（2）

（3）在"时间轴"面板中的图层上，单击"模式"右侧的下三角按钮，展开列表，选择相应的图层混合模式即可，如图 2-21 所示。

图 2-21　"混合模式"列表

"混合模式"列表包含 38 种混合模式，且根据混合模式结果的相似性，将混合模式细分为"正常""减少""添加""复杂""差异""HSL""遮罩"和"实用工具"8 个类别。类别名称不显示在列表中，只是通过菜单中的分隔线来分隔。下面对"混合模式"列表中的各个类别进行介绍。

（1）"正常"类别：该类别包含"正常""溶解"和"动态抖动溶解"3种混合模式。除非不透明度低于源图层的100%，否则像素的结果颜色不受基础像素的颜色影响。"溶解"混合模式使源图层的一些像素变成透明的。

（2）"减少"类别：该类别包含"变暗""相乘""颜色加深""经典颜色加深""线性加深""较深的颜色"6种混合模式。这些混合模式往往会使颜色变暗，其中一些混合颜色的方式与绘画中混合彩色颜料的方式大致相同。图2-22所示为不同"减少"类别混合模式的效果。

图2-22 不同"减少"类别混合模式的效果

（3）"添加"类别：该类别包含"相加""变亮""屏幕""颜色减淡""经典颜色减淡""线性减淡"和"较浅的颜色"7种混合模式。这些混合模式往往使颜色变亮，其中一些混合颜色的方式与混合投影光的方式大致相同。图2-23所示为不同"添加"类别混合模式的效果。

图2-23 不同"添加"类别混合模式的效果

（4）"复杂"类别：该类别包含"叠加""柔光""强光""线性光""亮光""点光"和"纯色混合"7种混合模式。这些混合模式对源颜色和基础颜色执行不同的操作，具体取决于颜色之一是否比50%灰色浅。图2-24所示为不同"复杂"类别混合模式的效果。

图2-24 不同"复杂"类别混合模式的效果

（5）"差异"类别：该类别包含"差值""经典差值""排除""相减"和"相除"5种混合模式。这些混合模式基于源颜色和基础颜色的差异创建颜色。图2-25所示为不同"差异"类别混合模式的效果。

图2-25 不同"差异"类别混合模式的效果

（6）"HSL"类别：该类别包含"色相""饱和度""颜色"和"发光度"4种混合模式。这些混合模式将颜色的HSL表示形式的一个或多个组件（色相、饱和度和发光度）从基础颜色传递到结果颜色。图2-26所示为不同"HSL"类别混合模式的效果。

图2-26 不同"HSL"类别混合模式的效果

（7）"遮罩"类别：该类别包含"模板Alpha""模板亮度""轮廓Alpha"和"轮廓亮度"4种混合模式。这些混合模式实质上将源图层转换为所有基础图层的遮罩。图2-27所示为不同"遮罩"类别混合模式的效果。

图2-27 不同"遮罩"类别混合模式的效果

（8）"实用工具"类别：该类别包含"Alpha添加"和"冷光预乘"两种混合模式。这两种混合模式用于专门的实用工具函数。

知识点3 图层样式

After Effects的图层样式与Photoshop的图层样式相似，这种图层处理功能是升华作品的重要手段之一。在After Effects 2023中，能快速、简单地制作出发光、投影、描边等9种图层样式。

在 After Effects 2023 中，添加图层样式的方法有以下两种。

（1）选择图层，在菜单栏中执行"图层"|"图层样式"命令，在展开的子菜单中选择相应的图层样式即可，如图 2-28 所示。

（2）在"时间轴"面板中的图层上单击鼠标右键，在弹出的快捷菜单中选择"图层样式"命令，在展开的子菜单中选择相应的图层样式即可，如图 2-29 所示。

图 2-28　"图层样式"子菜单（1）

图 2-29　"图层样式"子菜单（2）

"图层样式"子菜单包含 9 种图层样式，下面对各个图层样式进行介绍。

（1）投影：为当前图层中的图像添加投影效果，可以根据需要在参数设置区域设置想要的投影效果，如图 2-30 所示。

（2）内阴影：为当前图层中的图像添加内阴影效果，使图像内部产生色彩变化效果，如图 2-31 所示。

图 2-30　投影效果

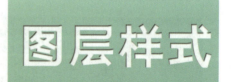

图 2-31　内阴影效果

（3）外发光：使图像的外部产生发光效果，如图 2-32 所示。

（4）内发光：使图像边缘的内部产生发光效果，与外发光效果相似。

（5）斜面和浮雕：为当前图层中的图像添加高光和阴影的各种组合效果，如图 2-33 所示。

图 2-32　外发光效果

图 2-33　斜面和浮雕效果

（6）光泽：为当前图层中的图像创建光滑光泽的内部阴影，如图 2-34 所示。

（7）颜色叠加：使用颜色填充当前图层的内容，如图 2-35 所示。

图 2-34　光泽效果

图 2-35　颜色叠加效果

（8）渐变叠加：使用渐变填充当前图层的内容，如图 2-36 所示。

（9）描边：描画当前图层内容的轮廓，如图 2-37 所示。

图 2-36　渐变叠加效果

图 2-37　描边效果

知识点4　"文本"图层

使用"文本"图层可以为作品添加文字效果，如字幕、解说等。新建"文本"图层的方法很简单，只要在菜单栏中执行"图层"|"新建"|"文本"命令即可，如图 2-38 所示。

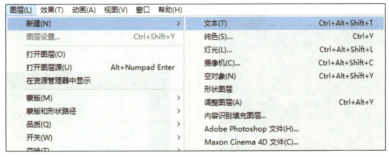

图 2-38　执行"图层"|"新建"|"文本"命令

可以按快捷键"Ctrl+Alt+Shift+T"，也可以在"时间轴"面板的空白处单击鼠标右键，在弹出的快捷菜单中选择"新建"|"文本"命令，即可新建"文本"图层。图 2-39 所示为图像添加"文本"图层前、后效果对比。

图 2-39　图像添加"文本"图层前、后效果对比

知识点5　"纯色"图层

"纯色"图层主要用于制作纯色背景效果。新建"纯色"图层的方法主要有以下3种。

（1）在菜单栏中执行"图层"|"新建"|"纯色"命令，如图2-40所示。

（2）在"时间轴"面板的空白处单击鼠标右键，在弹出的快捷菜单中选择"新建"|"纯色"命令，如图2-41所示。

图2-40　执行"图层"|"新建"|"纯色"命令　　　　图2-41　选择"新建"|"纯色"命令

（3）按快捷键"Ctrl+Y"。

使用以上任何一种方法均可以打开"纯色设置"对话框，如图2-42所示，在该对话框中可以设置"纯色"图层的名称、大小和颜色等参数，然后单击"确定"按钮，完成"纯色"图层的创建操作，如图2-43所示。

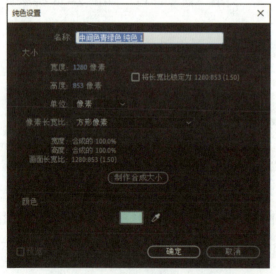

图2-42　"纯色设置"对话框

图2-43　创建"纯色"图层

技巧提示

在创建"纯色"图层后，如果对"纯色"图层的颜色和大小不满意，则可以执行"图层"|"纯色设置"命令对"纯色"图层的参数进行修改。

知识点6　"灯光"图层

"灯光"图层主要用于模拟真实的灯光、阴影，使作品层次感更强烈。新建"灯光"图层的方法主要有以下3种。

（1）在菜单栏中执行"图层"|"新建"|"灯光"命令。

（2）在"时间轴"面板的空白处单击鼠标右键，在弹出的快捷菜单中选择"新建"|"灯光"命令。

（3）按快捷键"Ctrl+Alt+Shift+L"。

使用以上任何一种方法均可以打开"灯光设置"对话框，如图2-44所示，在该对话框中可以对灯光类型、颜色、强度等参数进行设置。

"灯光设置"对话框中各选项的含义如下。

图 2-44　"灯光设置"对话框

（1）灯光类型：该列表包含"平行""聚光""点"和"环形"4种灯光类型。其中，"平行"灯光是指从无限远的光源处发出无约束的定向光，接近来自太阳等光源的光线；"聚光"灯光是指从受锥形物约束的光源（例如剧场中使用的闪光灯或聚光灯）发出光线；"点"灯光是指无约束的全向光（例如来自裸露的电灯泡的光线）；"环境"灯光是指没有光源，但有助于提高场景的总体亮度且不投影的光线。

（2）颜色：用于指定光照的颜色。

（3）强度：用于指定光照的亮度。

（4）锥形角度：用于指定光源周围锥形的角度，主要用来确定远处光束的宽度。一般只有选择"聚光"灯光类型，该选项才可以设置。

（5）锥形羽化：用于指定"聚光"灯光的边缘柔化。

（6）衰减：用于指定"平行""聚光"或"点"灯光的衰减类型。该列表包含"无""平滑"和"反向平方限制"3个选项。

（7）半径：用于指定光照衰减的半径。

（8）衰减距离：用于指定光照衰减的距离。

（9）投影：用于指定光源是否导致图层投影。在默认情况下，该复选框处于未被勾选状态。只有勾选该复选框，才可以设置投影参数。

（10）阴影深度：用于设置阴影的深度。

（11）阴影扩散：根据阴影与阴影图层之间的视距，设置阴影的柔和度。

设置完成后，单击"确定"按钮，即可创建"灯光"图层。创建"灯光"图层后，执行

"图层" | "3D图层"命令，即可启用灯光效果。图2-45所示为创建"灯光"图层前、后效果对比。

图2-45 创建"灯光"图层前、后效果对比

知识点7 "摄像机"图层

"摄像机"图层主要用于三维合成制作，控制合成时的最终视角，通过对摄像机设置动画可模拟三维镜头运动。新建"摄像机"图层的方法主要有以下3种。

（1）在菜单栏中执行"图层" | "新建" | "摄像机"命令。

（2）在"时间轴"面板的空白处单击鼠标右键，在弹出的快捷菜单中选择"新建" | "摄像机"命令。

（3）按快捷键"Ctrl+Alt+Shift+C"。

使用以上任何一种方法均可以打开"摄像机设置"对话框，如图2-46所示，在该对话框中可以对摄像机的预设、焦距等参数进行设置，设置完成后，单击"确定"按钮，即可创建"摄像机"图层。

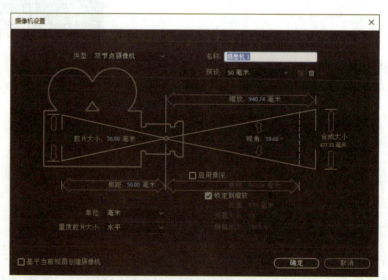

图2-46 "摄像机设置"对话框

"摄像机设置"对话框中各选项的含义如下。

（1）类型：该列表包含"双节点摄像机"和"单节点摄像机"2个选项。其中，单节点摄像机围绕自身定向，而双节点摄像机具有目标点并围绕该点定向。

（2）名称：用于指定摄像机的名称。

（3）预设：该列表包含要使用的摄像机类型。

（4）缩放：用于指定从镜头到图像平面的距离。

（5）视角：用于指定在图像中捕获的场景的宽度。

（6）启用景深：勾选该复选框，可以对"焦距""光圈""光圈大小"和"模糊层次"设置自定义变量。

（7）胶片大小：用于指定胶片的曝光区域的大小，它直接与合成大小相关。

（8）焦距：用于指定从胶片平面到摄像机镜头的距离。

（9）锁定到缩放：勾选该复选框，可以让"焦距"值与"变焦"值匹配。

（10）光圈：用于指定镜头孔径的大小。

（11）光圈大小：用于指定焦距与光圈的比例。

（12）模糊层次：用于指定图像中景深模糊的程度。

知识点8　"空对象""形状"和"调整"图层

在 After Effects 2023 中，可以创建"空对象""形状"和"调整"图层，下面对这 3 种图层的创建方法进行介绍。

1."空对象"图层

"空对象"图层常用于建立摄像机的父级，控制摄像机的移动和位置。新建"空对象"图层的方法主要有以下 3 种。

（1）在菜单栏中执行"图层"|"新建"|"空对象"命令。

（2）在"时间轴"面板的空白处单击鼠标右键，在弹出的快捷菜单中选择"新建"|"空对象"命令。

（3）按快捷键"Ctrl+Alt+Shift+Y"。

使用以上任何一种方法均可以新建"空对象"图层，

2."形状"图层

使用"形状"图层可以自由绘制图形，并设置图形的形状或颜色等。新建"形状"图层的方法主要有以下两种。

（1）在菜单栏中执行"图层"|"新建"|"形状图层"命令。

（2）在"时间轴"面板的空白处单击鼠标右键，在弹出的快捷菜单中选择"新建"|"形状图层"命令。

使用以上任何一种方法均可以新建"形状"图层，在新建"形状"图层后可以根据形状工具自由绘制图形。

3."调整"图层

使用"调整"图层可以让视频效果独立存在，且应用于某个"调整"图层的任何效果都会影响在图层堆叠顺序中位于该图层之下的所有图层。位于图层堆叠顺序底部的"调整"图层没有可视效果。

新建"调整"图层的方法主要有以下 3 种。

（1）在菜单栏中执行"图层"|"新建"|"调整图层"命令。

（2）在"时间轴"面板的空白处单击鼠标右键，在弹出的快捷菜单中选择"新建"|"调整图层"命令。

（3）按快捷键"Ctrl+Alt+Y"。

使用以上任何一种方法均可以新建"调整"图层，如图 2-47 所示。

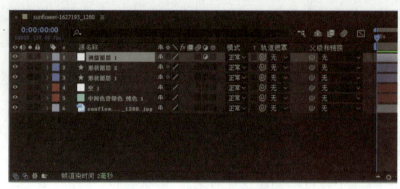

图 2-47　新建"调整"图层

项目实施

XIANGMU SHISHI

1. 解析设计思路与设计方案

本项目要求制作儿童节海报，其设计灵感来源于儿童的天真烂漫，因此选择明亮的颜色（如青色和粉色）作为海报画面的底色。在海报画面的背景中使用明亮的蓝色和红色文本，以营造儿童节欢乐的氛围，同时搭配色彩鲜艳的礼品盒子，使整个广告画面更加鲜明生动。

本项目的最终效果如图 2-48 所示，具体步骤如下。

（1）新建项目和合成文件。

（2）创建"纯色"图层。

（3）创建"形状"图层。

（4）设置图层的混合模式和图层样式。

2. 新建项目和合成文件

（1）在菜单栏中执行"文件"|"新建"|"新建项目"命令，如图 2-49 所示，即可新建一个项目。

（2）在"项目"面板的空白处单击鼠标右键，在弹出的快捷菜单中选择"新建合成"命令，如图 2-50 所示。

图 2-48　儿童节海报效果

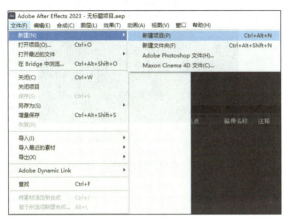

图 2-49 执行"文件"|"新建"|"新建项目"命令　　　　图 2-50 选择"新建合成"命令

（3）打开"合成设置"对话框，修改"合成名称"为"合成 1"，"宽度"为"1 287 px"，"高度"为"916 px"，"帧速率"为"30"，单击"确定"按钮，如图 2-51 所示。

（4）新建一个合成文件，并在"项目"面板中显示，如图 2-52 所示。

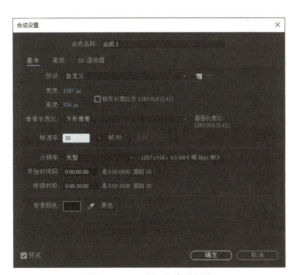

图 2-51 修改参数值　　　　图 2-52 新建合成文件

3. 创建"纯色"图层

（1）在"项目"面板中双击"合成 1"文件，打开合成文件，然后执行"图层"|"新建"|"纯色"命令，如图 2-53 所示。

（2）打开"纯色设置"对话框，修改"名称"为"纯色 1"，"宽度"为"1 500 px"，"高度"为"916 px"，单击"颜色"下方的颜色块，如图 2-54 所示。

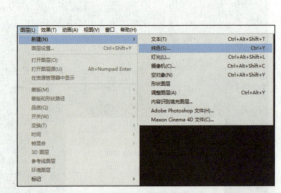

图 2-53　执行"图层"|"新建"|"纯色"命令

图 2-54　修改参数值

（3）打开"纯色"对话框，修改颜色为"绿色 #00D4DC"（RGB 分别为 0，212，220），单击"确定"按钮，如图 2-55 所示。

（4）返回"纯色设置"对话框，单击"确定"按钮，即可创建"纯色 1"图层，并在"时间轴"面板中显示，如图 2-56 所示。

图 2-55　修改颜色

图 2-56　创建"纯色 1"图层

（5）选择"纯色 1"图层，在"时间轴"面板中展开"纯色 1"|"变换"选项区，修改"位置"为"302"和"742"，"旋转"为"45°"，如图 2-57 所示，即可调整纯色图层的位置和角度。

（6）调整"纯色"图层的效果如图 2-58 所示。

图 2-57　修改参数值

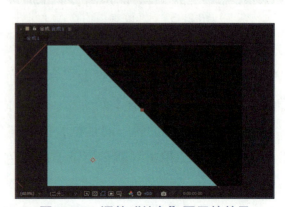

图 2-58　调整"纯色"图层的效果

4. 创建"形状"图层

（1）执行"图层"|"新建"|"形状图层"命令，如图 2-59 所示，

（2）创建"形状图层 1"图层，并在"时间轴"面板中显示，如图 2-60 所示。

图 2-59　执行"图层"|"新建"|"形状图层"命令

图 2-60　创建"形状图层 1"图层

（3）在工具栏中单击"钢笔工具"按钮，当鼠标指针呈钢笔形状时，在"合成"面板中依次指定锚点位置，绘制钢笔形状，并修改其"填充"和"描边"颜色为"粉色 #FFAAF0"（RGB 分别为 255，170，240），如图 2-61 所示。

（4）执行"图层"|"新建"|"形状图层"命令，即可创建"形状图层 2"图层，并在"时间轴"面板中显示，如图 2-62 所示。

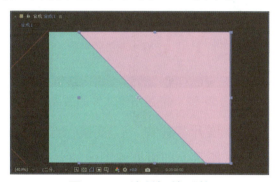

图 2-61　绘制钢笔形状

图 2-62　创建"形状图层 2"图层

（5）在工具栏中单击"星形工具"按钮，修改其"填充"和"描边"颜色为"白色 # FFFFFF"（RGB 均为 255），在"合成"面板中按住鼠标左键并拖拽，绘制多个星形图形，如图 2-63 所示。

5. 设置图层的混合模式和图层样式

（1）在"项目"面板的空白处单击鼠标右键，在弹出的快捷菜单中选择"导入"|"文件"命令，如图 2-64 所示。

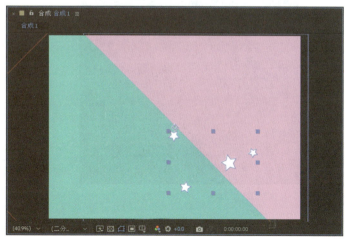

图 2-63　绘制多个星形图形

（2）打开"导入文件"对话框，在对应的文件夹中选择需要导入的图像素材，单击"导入"按钮，如图 2-65 所示。

图2-64　选择"导入"│"文件"命令

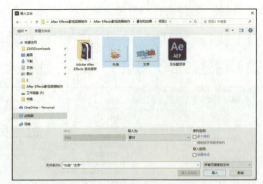

图2-65　选择并导入图像素材

（3）将选择的图像素材导入"项目"面板，如图2-66所示。

（4）在"项目"面板中选择"礼物"图像文件，按住鼠标左键将其拖拽至"合成"面板中图像的最上方，如图2-67所示。

图2-66　导入图像素材

图2-67　拖拽图像文件的效果

（5）在"时间轴"面板中，选择"礼物"图层，依次展开"礼物"│"变换"选项区，修改"位置"为"363"和"603"，"缩放"为25，如图2-68所示，即可调整图像的大小和位置。

（6）调整图像的效果如图2-69所示。

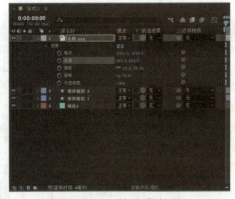

图2-68　修改参数值

图2-69　调整图像的效果

（7）在"项目"面板中选择"文字"图像文件，按住鼠标左键将其拖拽至"合成"面板中图像的最上方，如图2-70所示。

（8）在"时间轴"面板中，选择"文字"图层，依次展开"文字"│"变换"选项区，修改"位置"为"860"和"211"，"缩放"为"22"，"旋转"为"17°"，如图2-71所示，即可调整图像的大小、位置和角度。

图 2-70 拖拽图像的效果

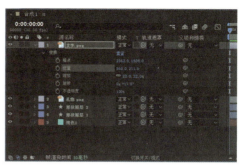

图 2-71 修改参数值

（9）调整图像的效果如图 2-72 所示。

（10）选择"文字"图层，执行"图层"|"混合模式"|"强光"命令，如图 2-73 所示，即可更改图层的混合模式。

图 2-72 调整图像的效果

图 2-73 执行"图层"|"混合模式"|"强光"命令

（11）更改图层的混合模式的效果如图 2-74 所示。

（12）选择"文字"图层，执行"图层"|"图层样式"|"投影"命令，如图 2-75 所示，即可更改图层样式。

图 2-74 更改图层混合模式的效果

图 2-75 执行"图层"|"图层样式"|"投影"命令

（13）更改图层的效果如图 2-76 所示。

（14）选择"形状图层 2"图层，执行"图层"|"混合模式"|"外发光"命令，即可更改图层样式。最终图像效果如图 2-77 所示。

图 2-76　更改图层样式的效果

图 2-77　最终图像效果

课后练习　**使用"空对象"图层制作缩放动画效果**

使用"空对象"图层制作缩放动画效果（图 2-78），动画效果围绕"春天"这个主题，营造出万物复苏的氛围。以绿色为主色调，搭配紫色的花朵和文字，让整个动画效果呈现春意盎然的气息（素材 / 项目 2/ "紫色花朵 .jpg" "文字 1.png"、效果 / 项目 2/ "课后练习 .aep"）。

图 2-78　制作缩放动画效果

图层的分类

在制作合成作品时，使用图层可以将图像、文字等素材按照顺序叠放在一起，从而组成一个完成的视频画面。在 After Effects 2023 中，"文字"图层可以为视频添加文字效果；"形状"图层可以在视频中绘制各种形状等；"调整"图层可以为视频添加统一的效果。

在视频编辑中，图层是一种将不同元素组织在一起的重要工具。图层可以按照其性质和用途分类。

1. 基本分类

（1）背景图层：通常位于底层，用于放置整体背景或底色。

（2）前景图层：通常位于上层，包含前景元素，通常在设计中起到突出作用。

2. 按照内容分类

（1）"文本"图层：包含文本和字形的图层。

（2）"图像"图层：包含图像和图片的图层。

（3）"形状"图层：包含各种形状和绘图元素的图层。

3. 按照功能分类

（1）"调整"图层：用于对其他图层进行调整，如颜色校正、亮度/对比度设置等。

（2）"遮罩"图层：通过蒙版实现对图层的部分显示或隐藏。

（3）"组合"图层：将多个图层组合在一起，形成一个整体。

4. 按照专业分类

（1）动画图层：用于创建动画效果。

（2）3D 图层：包含三维元素，常用于三维建模和渲染。

可以根据具体设计需求对这些图层进行组合和调整，帮助用户更有效地管理和编辑图形内容。

在 After Effects 2023 中，常见的图层包括"文本"图层、"纯色"图层、"灯光"图层、"摄像机"图层、"空对象"图层、"形状"图层、"调整"图层等，如图 2-79 所示。

图 2-79　After Effects 2023 中的常见图层

项目 3

蒙版工具的应用——制作旅游宣传广告

　　蒙版也是After Effects 2023的核心元素之一，其主要功能是进行画面的修饰和合成，并对部分图层进行隐藏。本项目详细讲解After Effects 2023中蒙版工具的操作方法。通过本项目的学习，读者可以快速掌握矩形工具、钢笔工具、椭圆工具、多边形工具、画笔工具和橡皮擦工具的使用方法，并能够使用相关工具在合成画面中绘制不同的形状和蒙版效果。

学习目标

【知识目标】
- 了解蒙版的概念和蒙版工具的分类。
- 掌握形状工具的基本操作方法。

【能力目标】
- 熟悉各种形状工具的使用方法和技巧，能够根据视频需求进行设计。
- 掌握画笔工具和橡皮擦工具的使用方法和技巧，能够运用相关工具润色素材。

【素养目标】
- 培养形状工具的应用能力，能够独立绘制各种形状。
- 培养对蒙版和图形的创建和操作能力，能够运用图形制作各种视频效果。

项目拆解

（1）使用钢笔工具创建形状。
（2）使用蒙版工具绘制图形。
（3）使用形状工具绘制多个形状。
（4）使用画笔工具和橡皮擦工具完善图像。

知识点1 蒙版工具

蒙版其实就是封闭的贝塞尔曲线所构成的路径轮廓，轮廓之内或之外的区域可以作为控制图层透明区域和不透明区域的依据。如果贝塞尔曲线不闭合，那就只能作为路径使用。

为了得到特殊的视觉效果，可以使用绘制蒙版的工具在原始图层上绘制特定形状，并使画面中只显示某一区域，将其他区域隐藏。图 3-1 所示为设置蒙版前、后效果对比。

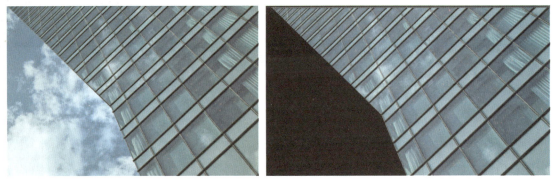

图 3-1 设置蒙版前、后效果对比

在 After Effects 2023 中，蒙版工具有很多种，包括形状工具▣、钢笔工具▣、画笔工具▣和橡皮擦工具◈等，如图 3-2 所示。

图 3-2 蒙版工具

只要在工具栏中单击相应的工具按钮，然后在"合成"面板中按住鼠标左键并拖拽，绘制图形，并在工具栏中单击"工具创建蒙版"按钮▦，即可创建蒙版图形。在创建蒙版图形后，还可以在"时间轴"面板的"蒙版"选项区修改各参数，如图 3-3 所示。

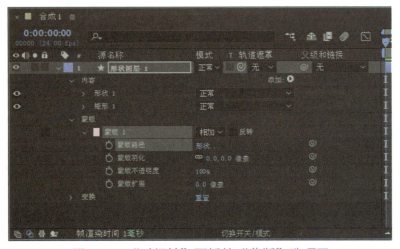

图 3-3 "时间轴"面板的"蒙版"选项区

"蒙版"区域中各常用选项的含义如下。

（1）模式：单击该下拉按钮，展开列表，可以选择蒙版的混合模式。

（2）反转：勾选该复选框，可以反转蒙版效果。

（3）蒙版路径：单击该选项右侧的"形状"文字链接，将打开"蒙版形状"对话框，如图3-4所示，在该对话框中可以设置蒙版定界框形状。

（4）蒙版羽化：用于设置蒙版边缘的柔和程度。

（5）蒙版不透明度：用于设置蒙版图形的透明度。

（6）蒙版扩展：用于扩展蒙版面积。

图3-4　"蒙版形状"对话框

知识点2　矩形工具和圆角矩形工具

下面详细讲解矩形工具和圆角矩形工具的使用方法。

1. 矩形工具

使用矩形工具可以绘制矩形（或正方形）。使用矩形工具绘制矩形的方法很简单，只要在工具栏中单击"矩形工具"按钮■，然后在工具栏中设置矩形的填充颜色、描边颜色以及描边宽度等参数，最后在"合成"面板中按住鼠标左键并拖拽，即可绘制一个矩形，如图3-5所示。

2. 圆角矩形工具

使用圆角矩形工具可以绘制圆角矩形（或圆角正方形）。使用圆角矩形工具绘制圆角矩形的方法很简单，只要在工具栏中单击"圆角矩形工具"按钮■，在"合成"面板中按住鼠标左键并拖拽，即可绘制一个圆角矩形，如图3-6所示。

图3-5　绘制矩形

图3-6　绘制圆角矩形

知识点3　钢笔工具

使用钢笔工具可以在"合成"面板和"图层"面板中绘制各种路径。钢笔工具组包含钢笔工具、添加"顶点"工具、删除"顶点"工具、转换"顶点"工具和蒙版羽化工具，如图3-7所示。

在工具栏中单击"钢笔工具"按钮█，在工具栏的右侧会显示

图3-7　钢笔工具组

"RotoBezier"复选框，如图 3-8 所示。在默认情况下，"RotoBezier"复选框处于未被勾选状态，这时使用钢笔工具绘制的贝塞尔曲线的顶点包含控制手柄，可以通过调整控制手柄的位置来调节贝塞尔曲线的形状。如果勾选"RotoBezier"复选框，那么绘制出来的贝塞尔曲线将不包含控制手柄，贝塞尔曲线的顶点曲率是由 After Effects 2023 自动计算的。

图 3-8 显示"RotoBezier"复选框

在 After Effects 2023 中，可以使用钢笔工具绘制直线、U 形曲线和 S 形曲线 3 种贝塞尔曲线。下面详细讲解这 3 种贝塞尔曲线的绘制方法。

1. 绘制直线

在工具栏中单击"钢笔工具"按钮，单击确定第 1 个锚点，然后在其他地方单击确定第 2 个锚点，这两个锚点形成的线就是一条直线。如果要绘制水平直线、垂直直线或与水平方向夹角为 45° 倍数的直线，可以在按住 Shift 键的同时进行绘制，如图 3-9 所示。

2. 绘制 U 形曲线

在工具栏中单击"钢笔工具"按钮，可以在确定好第 2 个锚点后拖拽第 2 个锚点的控制手柄，使其方向与第 1 个锚点的控制手柄的方向相反，如图 3-10 所示。

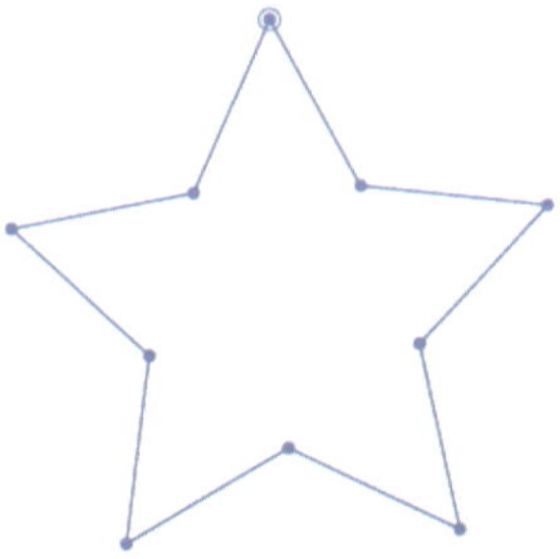

图 3-9 绘制直线

图 3-10 绘制 U 形曲线

3. 绘制 S 形曲线

在工具栏中单击"钢笔工具"按钮，可以在确定好第 2 个锚点后拖拽第 2 个锚点的控制手柄，使其方向与第 1 个锚点的控制手柄的方向相同，如图 3-11 所示。

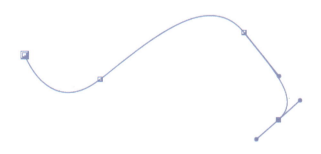

图 3-11 绘制 S 形曲线

技巧提示

在使用钢笔工具时，需要注意以下 3 种情况。

（1）改变顶点位置。在创建顶点时，如果想在未松开鼠标左键之前改变锚点的位置，可以按住 Space 键，然后拖拽鼠标即可重新定位锚点的位置。

（2）封闭开放的曲线。如果在绘制好曲线形状后，想将开放的曲线设置为封闭曲线，可以通过执行"图层"|"蒙版和形状路径"|"已关闭"命令。另外，将光标放置在第 1 个顶点处，当光标变成闭合形状时，单击即可封闭曲线。

（3）结束选择曲线。在绘制好曲线后，如果想结束对该曲线的选择，可以激活工具栏中的其他工具按钮或按 F2 键。

知识点4　椭圆工具、多边形工具和星形工具

使用形状工具不仅可以绘制矩形和圆角矩形，还可以绘制椭圆、多边形和星形等。下面详细讲解椭圆工具、多边形工具和星形工具的使用方法。

1. 椭圆工具

使用椭圆工具可以绘制椭圆和正圆，也可以为图层绘制椭圆形和圆形的遮罩。使用椭圆工具绘制椭圆的方法很简单，只要在工具栏中单击"椭圆工具"按钮█，然后在"合成"面板中按住鼠标左键并拖拽，即可绘制一个椭圆，如图 3-12 所示。

如果要绘制正圆，则可以在按住 Shift 键的同时，按住鼠标左键并拖拽，即可绘制一个正圆，如图 3-13 所示。

图 3-12　绘制椭圆

图 3-13　绘制正圆

2. 多边形工具

使用多边形工具可以绘制边数至少为 5 的多边形路径和图形，也可以为图层绘制多边形遮罩。使用多边形工具绘制多边形的方法很简单，只要在工具栏中单击"多边形工具"按钮█，然后在"合成"面板中按住鼠标左键并拖拽，即可绘制一个多边形，如图 3-14 所示。

3. 星形工具

使用星形工具可以绘制边数至少为 3 的星形路径和图形，也可以为图层绘制星形遮罩。使用星形工具绘制星形的方法很简单，只要在工具栏中单击"星形工具"按钮█，然后在"合成"面板中按住鼠标左键并拖拽，即可绘制一个星形，如图 3-15 所示。

图 3-14 绘制多边形

图 3-15 绘制星形

知识点5 画笔工具

使用画笔工具可以在当前图层的"合成"面板中进行绘画操作。在工具栏中单击"画笔工具"按钮 ，然后在"绘画"面板和"笔刷"面板中选择笔刷样式，设置画笔的颜色、不透明度、流量及混合模式等参数，在图像上按住鼠标左键并拖拽，即可进行绘画操作。图 3-16 所示为使用画笔工具涂抹图像前、后效果对比。

图 3-16 使用画笔工具涂抹图像前、后效果对比

通过"绘画"面板和"画笔"面板对画笔工具进行设置，可以自由地制作各种笔刷特效。下面对这两个面板分别进行介绍。

1. "绘画"面板

"绘画"面板主要用于设置画笔工具的"不透明""流量""模式""通道"和"时长"等，如图3-17 所示。

"绘画"面板中各常用选项的含义如下。

（1）不透明：主要是用于设置笔刷的最高不透明度。

（2）流量：用于设置画笔的流量。

（3）模式：用于设置笔刷的混合模式，这与图层中的混合模式是相同的。

图 3-17 "绘画"面板

（4）通道：用于设置画笔工具影响的图层通道。如果选择 Alpha 通道，那么画笔工具只影响图层的透明区域。

（5）时长：用于设置笔刷的持续时间，该列表包含"固定""写入""单帧"和"自定义"4 个选项。其中，选择"固定"选项，可以使笔刷在整个笔刷时间段都能显示；选择"写入"选项，可以根据手写时的速度再现手写动画的过程；选择"单帧"选项，可以显示当前帧的笔刷；选择"自定义"选项，可以自定义笔刷的持续时间。

2. "画笔"面板

"画笔"面板主要用于选择画笔工具预设的笔刷，也可以通过修改笔刷的参数值来快捷地设置笔刷的尺寸、角度和边缘羽化等属性，如图 3-18 所示。

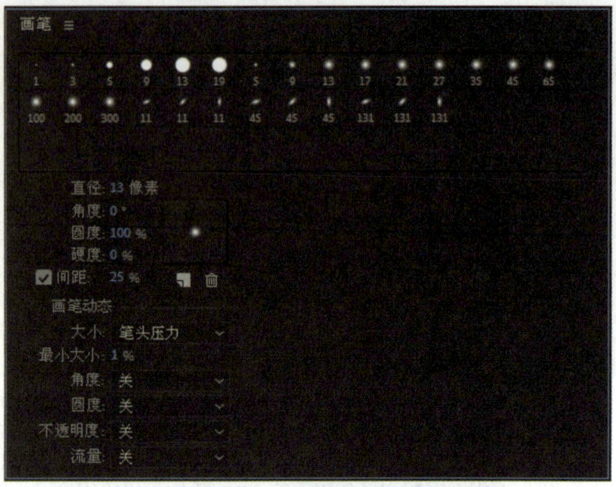

"画笔"面板中各常用选项的含义如下。

（1）画笔预设：在该选项区中可以选择画笔的预设样式。

（2）直径：用于设置笔刷的直径。

（3）角度：用于设置椭圆形笔刷的旋转角度。

图 3-18 "画笔"面板

（4）圆度：用于设置笔刷的长轴和短轴比例。其中圆形笔刷为 100%，线形笔刷为 0，0~100% 的笔刷为椭圆形笔刷。

（5）硬度：用于设置画笔中心硬度的大小。该值越小，画笔的边缘越柔和。

（6）间距：设置笔刷的间距（鼠标的绘图速度也会影响笔刷的间距）。

（7）画笔动态：当使用手绘板进行绘画时，该属性可以用来设置对手绘板的压笔感应。

知识点6　橡皮擦工具

使用橡皮擦工具可以擦除图层上的图像或笔刷，还可以选择仅擦除当前的笔刷。在工具栏中单击"橡皮擦工具"按钮◆，在"绘画"面板"抹除"选项区就可以设置擦除图像的模式，如图 3-19 所示。

"抹除"选项区中各选项的含义如下。

（1）图层源和绘画：擦除源图层中的像素和绘画笔刷效果。

（2）仅绘画：仅擦除绘画笔刷效果。

（3）仅最后描边：仅擦除之前的绘画笔刷效果。

如果设置为擦除源图层中的像素和绘画笔刷效果，那么擦除像素的每个操作都会在"时间轴"面板的"绘画"属性中留下擦除记录，如图 3-20 所示，这些擦除记录对擦除素材没有任何破坏性，可以对其进行删除、修改或改变擦除顺序等操作。

图 3-19　"抹除"选项区

图 3-20　擦除记录

►►► 项目实施

1. 解析设计思路与设计方案

本项目要求制作旅游宣传广告，其设计灵感来源于夏日暑假的快乐，因此选择了明亮的颜色（如蓝色）作为广告画面的底色。在广告画面的背景中使用明亮的渐变蓝色，以营造暑假旅游的快乐氛围。

本项目的最终效果如图 3-21 所示，具体步骤如下。

（1）创建多个圆形。

（2）使用钢笔工具创建形状。

（3）创建圆角矩形。

（4）完善旅游宣传广告。

图 3-21　旅游宣传广告效果

2. 创建多个圆形

（1）执行"文件"|"新建"|"新建项目"命令，新建一个项目。

（2）执行"合成"|"新建合成"命令，打开"合成设置"对话框，修改"合成名称"为"合成1"，"宽度"为"2 268 px"，"高度"为"1 276 px"，单击"确定"按钮，如图 3-22 所示。

（3）新建一个合成文件，并在"项目"面板中显示，如图 3-23 所示。

图 3-22　修改参数值

图 3-23　新建合成文件

（4）在"项目"面板中双击，打开"导入文件"对话框，在对应的文件夹中选择"背景"图像文件，单击"导入"按钮，如图3-24所示。

（5）导入图像文件，并在"项目"面板中显示，如图3-25所示。

图3-24　选择图像文件

图3-25　导入图像文件

（6）在"项目"面板中选择"背景"图像，按住鼠标左键并拖拽，将其添加至"时间轴"面板中，如图3-26所示。

（7）在"合成"面板中预览拖拽的图像效果，如图3-27所示。

图3-26　拖拽图像素材

图3-27　预览拖拽的图像效果

（8）在工具栏的"形状工具组"列表中单击"椭圆工具"按钮，如图3-28所示。

（9）在工具栏中，单击"填充"按钮，打开"填充选项"对话框，单击"无"按钮，如图3-29所示，单击"确定"按钮，完成填充选项设置。

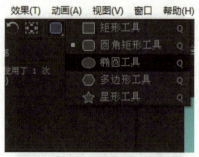
图3-28　单击"椭圆工具"按钮

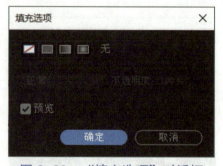
图3-29　"填充选项"对话框

（10）在工具栏中单击"描边"按钮，打开"描边选项"对话框，单击"线性渐变"按钮，如图3-30所示，单击"确定"按钮，设置好描边选项。

（11）在工具栏中，单击"描边"右侧的颜色块，打开"渐变编辑器"对话框，修改"渐变色 1"为"蓝色 #6FE2E6"（RGB 分别为 111，226，230），"渐变色 2"为"蓝色 #8ADFE1"（RGB 分别为 138，223，225），如图 3-31 所示。

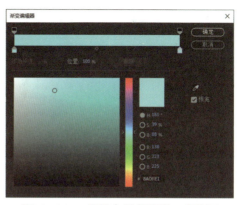

图 3-30　"描边选项"对话框　　　　图 3-31　"渐变编辑器"对话框

（12）在工具栏中修改"描边宽度"为"25"，在"合成"面板中，在按住 Shift 键的同时，按住鼠标左键并拖拽，绘制一个正圆，并修改"旋转"为"90°"，如图 3-32 所示。

（13）使用同样的方法，在"合成"面板中继续绘制多个正圆，并修改"旋转"为"90°"，如图 3-33 所示。

图 3-32　绘制正圆　　　　　　　　图 3-33　绘制多个正圆

（14）选择所有的圆形"形状"图层，修改"图层混合模式"为"柔光"，其效果如图 3-34 所示。

3. 使用钢笔工具创建形状

（1）在工具栏中单击"钢笔工具"按钮，修改"填充"颜色为"蓝色 #98ECEF"（RGB 分别为152，236，239），"描边"为"无"，在"合成"面板中单击确定第 1 个锚点，再依次确定其他锚点，绘制钢笔形状，如图 3-35 所示。

图 3-34　修改图层混合模式的效果

（2）选择新绘制的"形状"图层，执行"图层"|"图层样式"|"投影"命令，添加投影效果，然后在"时间轴"面板中展开"形状图层 7"|"图层样式"|"投影"选项，在展开的列表中修改各参数值，如图 3-36 所示。

图 3-35　绘制钢笔形状

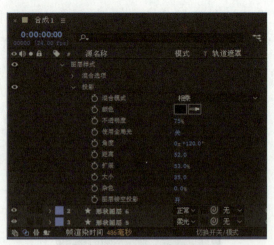

图 3-36　修改参数值

（3）为钢笔形状添加投影效果，如图 3-37 所示。

图 3-37　为钢笔形状添加投影效果

4. 创建圆角矩形

（1）在工具栏中单击"圆角矩形工具"按钮█，修改"填充"颜色为"黄色＃F5B405"（RGB 分别为 245，180，5），"描边"为"无"，在"合成"面板中按住鼠标左键并拖拽，绘制一个圆角矩形，如图 3-38 所示。

（2）选择新绘制的圆角矩形，按快捷键"Ctrl+C"，复制圆角矩形，然后按 3 次快捷键"Ctrl+V"，粘贴圆角矩形，并调整复制后圆角矩形的颜色和位置，如图 3-39 所示。

图 3-38　绘制圆角矩形

图 3-39　复制并调整圆角矩形

（3）在工具栏中单击"圆角矩形工具"按钮，修改"填充"颜色为"紫色＃5A05F5"（RGB分别为90，5，245），"描边"为"无"，在"合成"面板中按住鼠标左键并拖拽，绘制一个圆角矩形，如图3-40所示。

图 3-40　绘制圆角矩形

5. 完善旅游宣传广告

（1）在"项目"面板中双击，打开"导入文件"对话框，在对应的文件夹中选择需要导入的图像文件，单击"导入"按钮，如图3-41所示。

（2）将选择的图像文件导入"项目"面板，如图3-42所示。

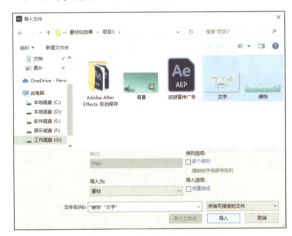

图 3-41　选择图像文件

图 3-42　导入图像文件

（3）在"项目"面板中选择"装饰"图像文件，按住鼠标左键将其拖拽至"合成"面板中图像的最上方，合成图像效果如图3-43所示。

（4）在"项目"面板中选择"文字"图像文件，按住鼠标左键将其拖拽至"合成"面板中图像的最上方，合成图像效果如图3-44所示。

图 3-43　合成图像效果（1）

图 3-44　合成图像效果（2）

制作运动海报

制作运动海报（图3-45），其主体内容是足球运动，以蓝色为主色调，搭配绿色的草地、红白色的衣服和黑白色的足球，营造活力四射的运动氛围（素材/项目3/"运动.jpg"、效果/项目3/"课后练习.aep"）。

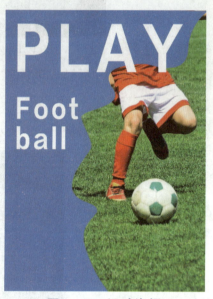

图 3-45　运动海报

蒙版创建方法

蒙版有很多种创建方法和编辑技巧，通过工具栏中的按钮和菜单中的命令都可以快速地创建和编辑蒙版。

1. 使用形状工具创建蒙版

在工具栏中选择形状工具可创建蒙版，形状工具包括矩形工具、圆角矩形工具、椭圆工具、多边形工具和星形工具5种，如图3-46所示。

使用形状工具可以快速地创建标准形状的蒙版，具体步骤如下。

图 3-46　形状工具

第1步：在"时间轴"面板中选择需要创建蒙版的图层。

第2步：在工具栏中单击合适的形状工具按钮。

第3步：保持对形状工具的选择，在"合成"面板或"图层"面板中，按住鼠标左键并拖拽就可以创建蒙版。

2. 使用钢笔工具创建蒙版

在工具栏中单击"钢笔工具"按钮，可以创建任意形状的蒙版，在使用"钢笔工具"创建蒙版时，必须使蒙版处于闭合的状态。

使用"钢笔工具"可以快速地创建不规则形状的蒙版，具体步骤如下。

第 1 步：在"时间轴"面板中选择需要创建蒙版的图层。

第 2 步：在工具栏中单击"钢笔工具"按钮。

第 3 步：在"合成"面板或"图层"面板中单击确定第 1 个锚点，然后继续单击绘制出一个闭合的贝塞尔曲线。

3. 使用"新建蒙版"命令创建蒙版

执行"图层"|"蒙版"|"新建蒙版"命令，如图 3-47 所示，该命令与使用蒙版工具的效果相似，蒙版形状都比较单一。

使用"新建蒙版"命令创建蒙版的具体步骤如下。

第 1 步：在"时间轴"面板中选择需要创建蒙版的图层。

第 2 步：执行"图层"|"蒙版"|"新建蒙版"命令，这时可以创建一个与图层大小相同的矩形蒙版。

第 3 步：如果需要对蒙版进行调节，可以先选择蒙版图形，然后执行"图层"|"蒙版"|"蒙版形状"

图 3-47　执行"图层"|"蒙版"|"新建蒙版"命令

命令，如图 3-48 所示，打开"蒙版形状"对话框，如图 3-49 所示，在该对话框中可以对蒙版的位置、单位和形状进行调节。

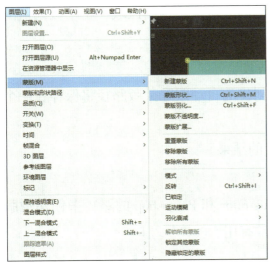

图 3-48　执行"图层"|"蒙版"|"蒙版形状"命令

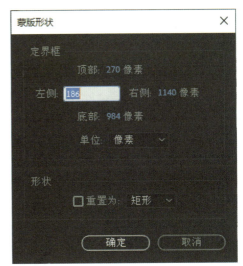

图 3-49　"蒙版形状"对话框

4. 使用"自动追踪"命令创建蒙版

在菜单栏中执行"图层"|"自动追踪"命令，将打开"自动追踪"对话框，在该对话框中保持默认参数设置，如图3-50所示，单击"确定"按钮，则可以根据图层的Alpha通道、红色通道、绿色通道、蓝色通道和明亮度信息自动生成路径蒙版，如图3-51所示。

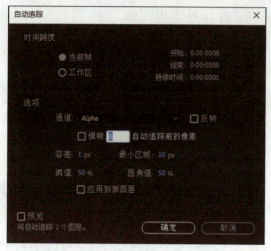

图3-50　"自动追踪"对话框

图3-51　自动生成路径蒙版

"自动追踪"对话框中各常用选项的含义如下。

（1）时间跨度：设置"自动追踪"的时间区域。

（2）通道：选择自动跟踪蒙版的通道，共有"Alpha""红色""绿色""蓝色"和"明亮度"5个选项。

（3）反转：勾选该复选框后，可以反转蒙版的方向。

（4）模糊：在自动跟踪蒙版之前，对原始画面进行虚化处理，这样可以使跟踪蒙版的结果更加平滑。

（5）容差：设置容差范围，可以判断误差和界限的范围。

（6）最小区域：设置蒙版的最小区域值。

（7）阈值：设置蒙版的阈值范围。大于该阈值的区域为不透明区域，小于该阈值的区域为透明区域。

（8）圆角值：设置跟踪蒙版的拐点处的圆滑程度。

（9）应用到新图层：勾选该复选框后，最终创建的自动跟踪蒙版路径将保存在一个新建的固态图层中。

（10）预览：勾选该复选框后，可以预览设置的结果。

5. 其他蒙版创建方法

在After Effects 2023中，还可以通过复制Illustrator和Photoshop的路径来创建蒙版，这对于创建一些规则的蒙版或有特殊结构的蒙版非常有用。

项目 4

创建动画——制作音乐产品标志动画

创建关键帧动画是 After Effects 2023 中最常用的制作动画的方式之一，它是指在原有的视频画面中运用关键帧合成或创建移动、变形和缩放等运动效果。在制作影视视频的过程中，适当添加一些关键帧动画效果可以增强影视节目的视觉感染力。本项目详细讲解 After Effects 2023 中关键帧动画的制作方法，通过本项目的学习，读者可以快速掌握缩放、旋转、移动等动画的制作方法，从而给观众带来更好的视觉体验。

学习目标

【知识目标】
• 了解关键帧动画的概念。
• 掌握关键帧的基本操作。

【能力目标】
• 熟悉各种关键帧动画的制作思路和过程，能够根据视频需求制作关键帧动画。
• 掌握"动画预设"的使用方法和技巧，能够使用"动画预设"快速制作动画效果。

【素养目标】
• 培养关键帧的操作能力，能够独立设置不同的关键帧参数。
• 培养关键帧动画的制作能力，能够使用关键帧参数制作各种动画效果。

项目拆解

（1）掌握关键帧的基本操作。
（2）创建关键帧动画。
（3）使用"动画预设"制作动画效果。

知识点1　了解关键帧动画

　　关键帧动画主要是指通过为素材的不同时刻设置不同的属性所产生的动画。在制作关键帧动画时，至少需要 2 个及以上的关键帧，且需要通过设置动作、效果、音频以及多种其他属性参数来形成连贯的动画。图 4-1 所示为关键帧动画。

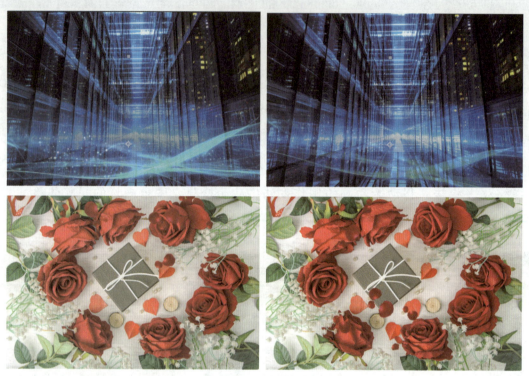

图 4-1　关键帧动画

知识点2　关键帧的基本操作

　　添加关键帧可以为影片素材制作动感效果。在编辑运动路径之前，需要掌握关键帧的基本操作，包括添加关键帧、选择关键帧、设置关键帧参数、切换关键帧、移动关键帧、复制关键帧以及删除关键帧。下面详细讲解关键帧的基本操作。

1. 添加关键帧

　　添加关键帧是为了让影片素材形成运动效果。因此，一段运动的画面通常需要 2 个以上关键帧。

　　在 After Effects 2023 中，每个可以制作动画的图层参数前面都有一个"时间变化秒表"按钮，单击该按钮，使其呈蓝色颜色显示，就可以开始制作关键帧动画，依次修改参数值，即可自动添加关键帧，如图 4-2 所示。

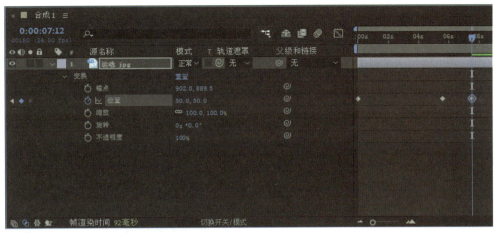

图 4-2　添加关键帧

激活"时间变化秒表"按钮，在"时间轴"面板中的任何时间进程都将产生新的关键帧；关闭"时间变化秒表"按钮，所有设置的关键帧属性都将消失，并保持当前时间的参数值。

2. 选择关键帧

选择关键帧主要有以下 5 种情况。

（1）如果要选取单个关键帧，则只需要单击关键帧。

（2）如果要选择多个关键帧，则可以在按住 Shift 键的同时连续单击需要选择的关键帧，或按住鼠标左键拉出一个选框，选择选框区域内的关键帧。

（3）如果要选择图层属性中的所有关键帧，则只需要单击"时间轴"面板中图层属性的名称。

（4）如果要选择一个图层中的属性数值相同的关键帧，则只需要在其中一个关键帧上单击鼠标右键，然后选择"选择相同关键帧"命令即可，如图 4-3 所示。

（5）如果要选择某个关键帧之前或之后的所有关键帧，则只需要在该关键帧上单击鼠标右键，然后选择"选择前面的关键帧"命令或"选择跟随关键帧"命令即可，如图 4-4 所示。

图 4-3　选择"选择相同关键帧"命令

图 4-4　选择"选择跟随关键帧"命令

3. 设置关键帧参数

在添加关键帧后，如果要重新调整关键帧参数，则可以直接在关键帧上双击，或者在关键帧上单击鼠标右键，在弹出的快捷菜单中选择"编辑值"命令，如图4-5所示，都可以弹出"位置"对话框，在该对话框中修改参数，再单击"确定"按钮，如图4-6所示。

图 4-5　选择"编辑值"命令

图 4-6　修改参数值

4. 切换关键帧

可以在已添加的关键帧之间进行快速切换。切换关键帧的具体方法如下：在"时间轴"面板中单击"转到上一关键帧"按钮，即可快速切换至上一个关键帧；单击"转到下一关键帧"按钮，即可快速切换至下一个关键帧。

5. 移动关键帧

在添加关键帧后，还可以对关键帧进行移动。移动关键帧的方法很简单，只要在选择关键帧后，按住鼠标左键并拖拽关键帧即可。如果选择了多个关键帧，则在移动关键帧后，这些关键帧之间的相对位置将保持不变。

6. 复制关键帧

在编辑关键帧的过程中，可以将一个关键帧复制、粘贴到时间线中的另一位置，该复制的关键帧与原关键帧具有相同的属性。

在复制关键帧时，可以进行互相复制的图层属性有以下4种。

（1）具有相同维度的图层属性，如"位置""缩放""不透明度"和"旋转"属性。

（2）效果的角度控制属性和具有滑块控制的图层属性。

（3）效果的颜色属性。

（4）蒙版属性和图层的空间属性。

一次只能从一个图层属性中复制关键帧，把关键帧粘贴到目标图层的属性中时，被复制的第1个关键帧出现在目标图层属性的当前时间中，而其他关键帧将以被复制的顺序依次排列，粘贴后的关键帧继续处于被选择状态，以方便继续对其进行编辑。

复制和粘贴关键帧的方法很简单，只要在"时间轴"面板中选择关键帧，按快捷键"Ctrl+C"，复制关键帧，指定时间线位置，再按快捷键"Ctrl+V"粘贴即可，如图4-7所示。

图 4-7　复制和粘贴关键帧

如果要复制与粘贴关键帧中的属性，则可以在"时间轴"面板中展开需要复制的关键帧属性，选择单个或多个关键帧，然后执行"编辑"|"复制"命令，复制关键帧。在"时间轴"面板中展开需要粘贴关键帧的目标图层的属性，然后将时间线拖拽到需要粘贴关键帧的时间处，选中目标属性，然后执行"编辑"|"粘贴"命令即可。

7. 删除关键帧

在制作关键帧动画时，可以使用"删除"功能删除多余的关键帧。删除关键帧的方法主要有以下 4 种。

（1）选中一个或多个关键帧，在菜单栏中执行"编辑"|"清除"命令，如图 4-8 所示。

（2）选中一个或多个关键帧，按 Delete 键执行删除操作。

（3）当时间指针对齐当前关键帧时，单击"添加或删除关键帧"按钮◇可以删除当前关键帧。

（4）如果需要删除某个属性中的所有关键帧，只需要选中属性名称（这样就可以选中该属性中的所有关键帧），然后按 Delete 键或单击"时间变化秒表"按钮◯即可。

图 4-8　执行"编辑"|"清除"命令

知识点3　创建关键帧动画

在掌握了关键帧的基本操作后，可以通过添加关键帧制作移动、缩放、旋转和不透明度动画。下面详细讲解创建关键帧动画的操作方法。

1. 制作移动动画

通过设置"位置"参数可以制作一段镜头平移的画面效果。移动动画的制作方法很简单，只需要修改"位置"参数并添加关键帧即可，如图 4-9 所示。

图 4-9　添加"位置"关键帧

在添加"位置"关键帧后，即可完成移动动画的制作，然后可以在"合成"面板中预览效果，如图 4-10 所示。

图 4-10　移动动画效果

2. 制作缩放动画

使用缩放运动效果可以将素材图像以从小到大或从大到小的形式展现。制作缩放动画主要通过设置"缩放"参数并添加关键帧实现。图 4-11 所示为缩放动画效果。

图 4-11　缩放动画效果

3. 制作旋转动画

使用旋转运动效果可以将素材图像以旋转的形式展现。制作旋转动画主要通过设置"旋转"参数并添加关键帧实现。图 4-12 所示为旋转动画效果。

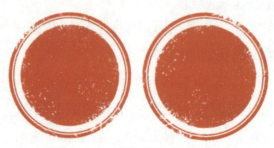

图 4-12　制作旋转动画效果

4. 制作不透明度动画

使用"不透明度"参数可以将素材图像以渐隐的形式展现。制作不透明度动画主要通过设置"不透明度"参数并添加关键帧。图 4-13 所示为不透明度动画效果。

图 4-13　不透明度动画效果

知识点4　使用"动画预设"制作动画效果

使用"效果和预设"面板中的"动画预设"可以直接为素材添加动画效果。After Effects 2023 中的"效果和预设"面板的"动画预设"列表中有很多"动画预设"效果，利用它们可以模拟很多精彩的动画，如图 4-14 所示。

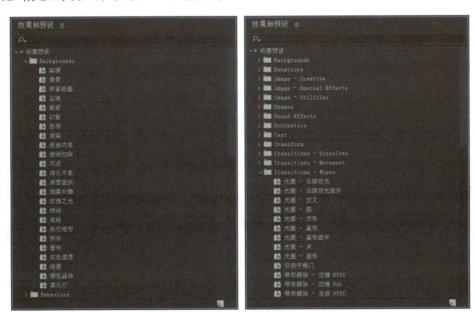

图 4-14　"动画预设"列表

使用"动画预设"制作动画效果的方法很简单，只需要在"效果和预设"面板的"动画预设"列表中选择合适的"动画预设"效果，然后按住鼠标左键将其拖拽至"时间轴"面板的相应图层上，释放鼠标左键即可。图 4-15 所示为使用"动画预设"制作的动画效果。

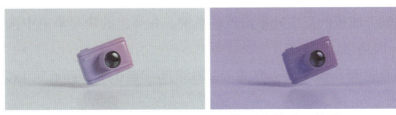

图 4-15　使用"动画预设"制作的动画效果

XIANGMU SHISHI

项目实施

1. 解析设计思路与设计方案

本项目要求制作音乐产品标志动画。在色彩上，选择明亮的颜色（如蓝色）作为动画的底色，搭配网格背景，让动画更有层次感；在背景上，使用形状工具添加音乐图形和文字，让动画内容更加丰富。

本项目的最终效果如图 4-16 所示，具体步骤如下。

（1）添加与合成图像。

（2）添加“形状”和“文本”图层。

（3）创建各种关键帧动画。

图 4-16　音乐产品标志动画

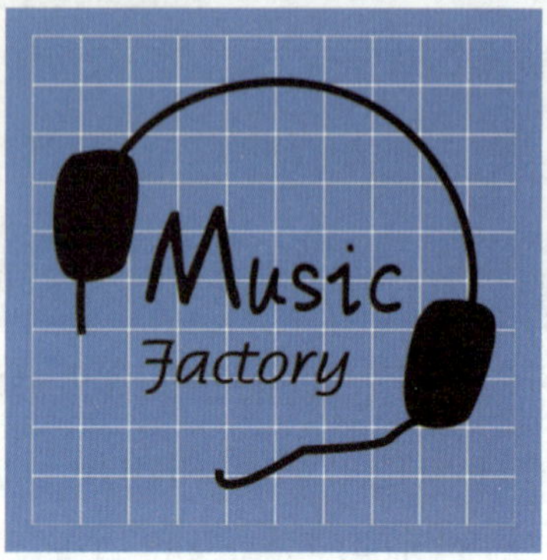

2. 添加与合成图像

（1）执行“文件”|“新建”|“新建项目”命令，新建一个项目。

（2）执行“合成”|“新建合成”命令，打开“合成设置”对话框，修改“合成名称”为“合成 1”，“宽度”为“1 000 px”，“高度”为“1 000 px”，“像素长宽比”为“方形像素”，“帧速率”为“24”，“持续时间”为“5 秒”，“背景颜色”为“蓝色 #4590DD”（RGB 分别为 69，144，221），单击“确定”按钮，如图 4-17 所示。

（3）新建一个合成文件，并在“项目”面板中显示，如图 4-18 所示。

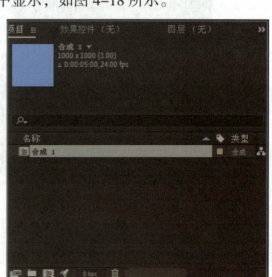

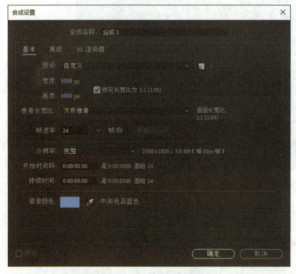

图 4-17　修改参数值

图 4-18　新建合成文件

（4）在“时间轴”面板的空白处单击鼠标右键，在弹出的快捷菜单中选择“新建”|“纯色”命令，如图 4-19 所示。

（5）打开“纯色设置”对话框，修改“颜色”为“黑色 #000000”（RGB 均为 0），单击“确定”按钮，如图 4-20 所示。

图 4-19　选择"新建" | "纯色"命令

图 4-20　修改参数值

（6）创建一个"纯色"图层，并自动添加到"时间轴"面板中，如图 4-21 所示。

（7）在"效果和预设"面板中搜索"网格"视频效果，然后选择"生成"列表中的"网格"视频效果，如图 4-22 所示。

图 4-21　创建"纯色"图层

图 4-22　选择"网格"视频效果

（8）在选择的视频效果上按住鼠标左键并拖拽，将其添加至"纯色"图层上，然后展开"纯色"图层下的"效果" | "网格"选项，修改"边界"为"6"，展开"变换"选项，修改"缩放"为"90%"，如图 4-23 所示。

（9）完成"网格"视频效果的添加与设置，并预览画面效果，如图 4-24 所示。

图 4-23　修改参数值

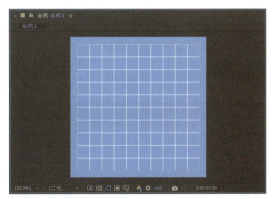

图 4-24　预览画面效果

3. 添加"形状"和"文本"图层

（1）在工具栏中单击"钢笔工具"按钮 ，修改"填充"颜色为"无"，"描边"颜色为"黑色 #000000"（RGB 均为 0），"描边宽度"为"16"，在"合成"面板中单击确定锚点，绘制一条弧形形状，如图 4-25 所示。

（2）在"效果和预设"面板中搜索"径向擦除"动画预设效果，然后选择"动画预设"
列表中的"径向擦除 - 底部"动画预设效果，如图 4-26 所示。

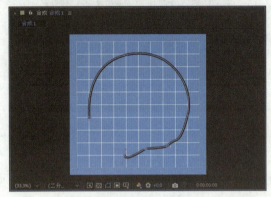

图 4-25　绘制弧形形状

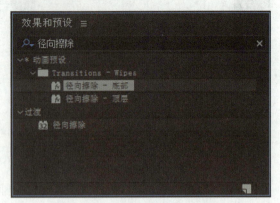

图 4-26　选择动画预设效果

（3）在选择的动画预设效果上按住鼠标左键并拖拽，将其添加至形状图层 1 上，即可添
加动画预设效果，并预览动画预设效果，如图 4-27 所示。

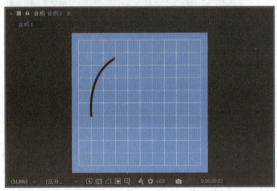
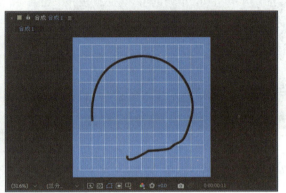

图 4-27　预览动画预设效果

（4）在工具栏中单击"钢笔工具"按钮，修改"填充"颜色为"黑色 #000000"（RGB
均为 0），"描边"为"无"，在"合成"面板中单击鼠标左键确定第 1 个锚点，再依次确定
其他锚点，绘制封闭形状，如图 4-28 所示。

（5）选择新绘制的"形状"图层，按快捷键"Ctrl+C"，复制"形状"图层，按快捷键
"Ctrl+V"粘贴"形状"图层，并在"时间轴"面板中显示，如图 4-29 所示。

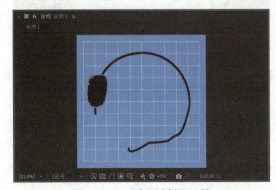

图 4-28　绘制封闭形状

图 4-29　复制和粘贴"形状"图层

（6）选择复制后的"形状"图层，依次展开"形状图层 3"丨"变换"选项，修改"位置"为"1 133"和"823"，"旋转"为"9°"，如图 4-30 所示。

（7）调整复制后形状的位置和角度，并预览其图像效果，如图 4-31 所示。

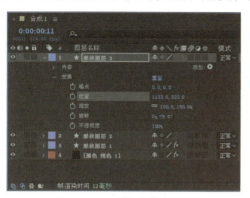

图 4-30 修改参数值

图 4-31 调整形状的位置和角度

（8）执行"图层"丨"新建"丨"文本"命令，新建一个"文本"图层，然后在"合成"面板中输入文本，并设置文本格式，如图 4-32 所示。

（9）使用同样的方法，再次添加"文本"图层，并设置文本格式，如图 4-33 所示。

图 4-32 添加"文本"图层

图 4-33 再次添加"文本"图层

4. 创建各种关键帧动画

（1）在"效果和预设"面板中，搜索"CC"视频效果，然后选择"扭曲"列表中的"CC Griddler"视频效果，如图 4-34 所示。

（2）在选择的视频效果上按住鼠标左键并拖拽，将其添加至"Music"图层上，在"时间轴"面板中，展开"文本"图层，可以查看添加的视频效果，如图 4-35 所示。

图 4-34 选择"CC Griddler"视频效果

图 4-35 查看添加的视频效果

（3）展开"效果"|"CC Griddler"选项，将时间线移至1秒的位置，修改"Horizontal Scale"为"0"，然后单击"Horizontal Scale"选项前的"时间变化秒表"按钮，添加一个关键帧，如图4-36所示。

图4-36　添加关键帧

（4）将时间线移至1秒20帧的位置，修改"Horizontal Scale"为"300"，添加一个关键帧，如图4-37所示。

图4-37　添加关键帧

（5）将时间线移至1秒20帧的位置，修改"Horizontal Scale"为"100"，添加一个关键帧，如图4-38所示。

图4-38　添加关键帧

（6）完成扭曲关键帧动画的制作，并预览关键帧动画效果，如图4-39所示。

图4-39　预览关键帧动画效果

（7）在"Music"图层上选择所有关键帧，按快捷键"Ctrl+C"，复制关键帧，将时间线移至1秒的位置，选择"Factory"图层，执行"编辑"|"粘贴"命令，粘贴关键帧，如图4-40所示。

图 4-40　复制和粘贴关键帧

（8）在"时间轴"面板中依次展开"形状图层3"|"变换"选项，依次将时间线移至1秒和1秒20帧的位置，然后单击"不透明度"选项前的"时间变化秒表"按钮，修改"不透明度"为"0"和"100%"，添加两组关键帧，如图4-41所示。

图 4-41　添加两组关键帧

（9）在"时间轴"面板中依次展开"形状图层2"|"变换"选项，依次将时间线移至开始位置和1秒的位置，然后单击"不透明度"选项前的"时间变化秒表"按钮，修改"不透明度"为"0"和"100%"，添加两组关键帧，如图4-42所示。

图 4-42　添加两组关键帧

（10）至此，整个动画效果制作完成，然后在"合成"面板中预览动画效果，如图4-43所示。

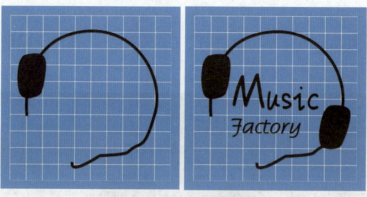

图 4-43   预览动画效果

制作同心圆背景动画

制作同心圆背景动画（图 4-44），其呈现的是一对甜蜜的小情侣共同骑自行车的浪漫画面。该动画以浅色条纹背景为主色调，搭配紫色、粉色和浅蓝色等颜色，营造一种浪漫、甜蜜的氛围（素材 / 项目 4/ "自行车 .png"、效果 / 项目 4/ "课后练习 .aep"）。

图 4-44   同心圆背景动画

After Effects 2023 动画类型

After Effects 2023 适用于制作各种类型的动画，如信息图表动画、视觉特效动画、广告宣传动画、短片动画和字幕动画等。下面分别对这些类型的动画进行介绍。

1. 信息图表动画

信息图表动画一般用于展示图表，进行数据可视化、统计分析等。信息图表动画一般通过 After Effects 2023 的各种插件和脚本制作，如图 4-45 所示。

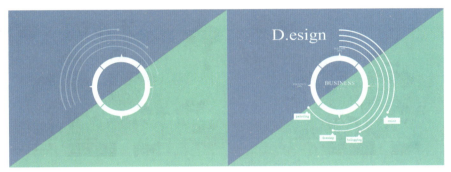

图 4-45　信息图表动画

2. 视觉特效动画

视觉特效动画一般用于展示各种视觉特效、场景转换、过渡效果等。视觉特效动画一般通过 After Effects 2023 的合成器、关键帧等制作，如图 4-46 所示。

图 4-46　视觉特效动画

3. 广告宣传动画

广告宣传动画一般用于进行品牌宣传、产品介绍、活动预告等。广告宣传动画一般通过 After Effects 2023 的音乐节奏感添加、视频效果添加、过渡效果应用等功能制作，如图 4-47 所示。

图 4-47　广告宣传动画

4. 短片动画

短片动画一般用于展示各种影视短片、广告片、宣传片等。短片动画一般通过 After Effects 2023 的剪辑、音效设计、配音等功能制作，如图 4-48 所示。

图 4-48　短片动画

5. 字幕动画

字幕动画一般用于展示各种片头字幕、片尾字幕等。字幕动画一般通过 After Effects 2023 的字幕工具、动画特效工具、合成器等制作，如图 4-49 所示。

图 4-49　字幕动画

项目 5

文字效果——制作电影片尾字幕

使用文字效果可以在视频作品的开头部分起到制造悬念、引入主题、设立基调的作用，当然也可以用来显示视频作品的标题。在视频作品中，文字在片段之间起到过渡作用，也可以用来介绍人物和场景。本项目详细讲解 After Effects 2023 中文字的创建与编辑方法。通过本项目的学习，读者可以快速掌握各种文字效果的制作方法，从而给观众带来更好的文字视觉体验。

学习目标

【知识目标】
- 了解文字的创建方法。
- 掌握文字的编辑操作。

【能力目标】
- 熟悉各种文字效果的制作思路和过程，能够根据视频需求制作文字效果。
- 掌握文字路径和文字动画的使用方法和技巧，能够使用文字路径和文字动画快速制作视频作品。

【素养目标】
- 培养文字属性的设置能力，能够独立设置不同的文字属性。
- 培养对文字动画的应用能力，能够应用文字动画制作各种动态文字效果。

项目拆解

（1）创建文字。
（2）设置文字属性。
（3）添加文字动画。

知识点1　创建文字的方法

文字是视频作品中常见的元素之一，不仅可以表述信息，还可以美化版面，让视频作品所传达的内容更加全面和深刻。

在 After Effects 2023 中，创建文字的方法主要有利用"文本"图层创建和利用文字工具创建两种，下面分别进行介绍。

1. 利用"文本"图层创建文字

项目 2 已经详细讲解过创建"文本"图层的方法。执行"图层"|"新建"|"文本"命令，将新建一个"文本"图层，然后在"合成"面板中出现一个光标符号，此时处于文字输入状态，如图 5-1 所示，直接输入文字即可利用"文字"图层创建文字。

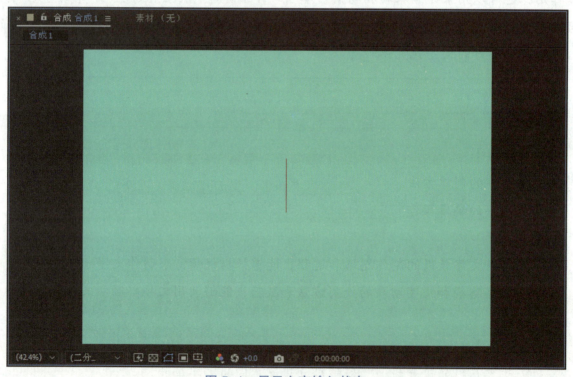

图 5-1　显示文字输入状态

2. 利用文字工具创建文字

使用文字工具可以创建横排或者直排文字，下面分别进行介绍。

1）创建横排文字

使用工具栏中的"横排文字工具"按钮 T 可以创建沿水平方向分布的文字。在工具栏中单击"横排文字工具"按钮 T，如图 5-2 所示，然后在"合成"面板中单击，将显示输入文字的光标符号，直接输入横排文字即可，如图 5-3 所示。

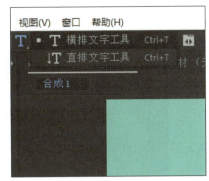

图 5-2   单击"横排文字工具"按钮

图 5-3   输入横排文字

2）创建直排文字

使用工具栏中的"直排文字工具"按钮可以创建沿垂直方向分布的文字。在工具栏中单击"直排文字工具"按钮，如图 5-4 所示，然后在"合成"面板中单击，将显示输入文字的光标符号，直接输入直排文字即可，如图 5-5 所示。

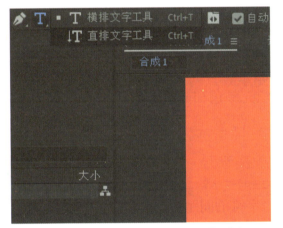

图 5-4   单击"直排文字工具"按钮

图 5-5   输入直排文字

3）创建段落文字

创建段落文字的方法很简单，在工具栏中单击"横排文字工具"按钮，然后在"合成"面板中按住鼠标左键并拖拽，绘制一个文本框，在文本框中直接输入文字即可，如图 5-6 所示。

图 5-6   创建段落文字

知识点2 "字符"面板

在创建文字后，可以在"字符"面板中对文字的属性进行设置，如图5-7所示。

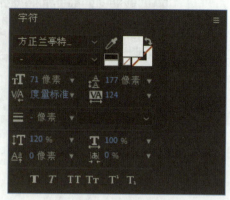

图5-7 "字符"面板

"字符"面板中各常用选项的含义如下。

（1）设置字体系列 方正兰亭特_ ：在该列表中可以设置文字的字体（字体必须是用户计算机中已经存在的字体）。

（2）设置字体样式 ·：在该列表中可以设置字体样式。

（3）吸管工具 ：通过该工具可以吸取当前计算机界面中的颜色，吸取的颜色将作为文字的颜色或描边的颜色。

（4）设置为黑色/设置为白色 ：单击相应的色块可以快速地将文字或描边的颜色设置为纯黑色或纯白色。

（5）不填充颜色 ：单击该图标，可以不对文字或描边填充颜色。

（6）颜色切换 ：单击该图标，可以快速切换填充颜色和描边颜色。

（7）文字/描边颜色 ：设置文字的填充颜色、描边颜色。

（8）设置文字大小 ：设置文字的大小。

（9）设置行距 ：设置上下文本的行间距。

（10）设置两个字符的间距 ：增大或减小当前字符的间距。

（11）设置所选字符的间距 ：增大或减小所选字符的间距。

（12）设置描边宽度 ：设置文字描边的粗细。

（13）描边方式 在填充上描边 ：在该列表中可以选择文字描边的方式，共有"在描边上填充""在填充上描边""全部填充在全部描边之上"和"全部描边在全部填充之上"4个选项。

（14）垂直缩放 ：设置文字的高度缩放比例。

（15）水平缩放 ：设置文字的宽度缩放比例。

（16）设置基线偏移 ：设置文字的基线位置。

（17）设置所选字符的比例间距 ：设置中文或日文字符的比例间距。

（18）仿粗体 ：单击该按钮，可以加粗文本。

（19）仿斜体 ：单击该按钮，可以倾斜文本。

（20）全部大写字母 ：单击该按钮，可以强制将所有的文字变成大写。

（21）小型大写字母 ：单击该按钮，无论输入的文字是否有大小写区别，都强制将所有文字转换成大写，但是以较小的尺寸进行显示。

（22）上标 ：单击该按钮，可以设置文字的上标，适合制作一些数学单位。

（23）下标 **T₁**：单击该按钮，可以设置文字的下标。

知识点3　"段落"面板

在"段落"面板中可以设置文本的对齐方式和缩进距离，如图 5-8 所示。

"段落"面板中各选项的含义如下。

（1）左对齐文本：单击该按钮，可以对文本进行左对齐操作，如图 5-9 所示。

（2）居中对齐文本：单击该按钮，可以对文本进行居中对齐操作，如图 5-10 所示。

图 5-8　"段落"面板

图 5-9　左对齐文本

图 5-10　居中对齐文本

（3）右对齐文本：单击该按钮，可以对文本进行右对齐操作，如图 5-11 所示。

（4）两端对齐：单击该按钮，可以对文本进行两端对齐操作，如图 5-12 所示。

图 5-11　右对齐文本

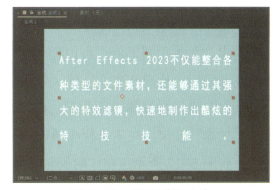

图 5-12　两端对齐文本

（5）最后一行左对齐：单击该按钮，可以对文本的最后一行进行左对齐操作。

（6）最后一行居中对齐：单击该按钮，可以对文本的最后一行进行居中对齐操作。

（7）最后一行右对齐：单击该按钮，可以对文本的最后一行进行右对齐操作。

（8）缩进左边距：用于设置文本的左侧缩进量，如图 5-13 所示。

（9）缩进右边距：用于设置文本的右侧缩进量，如图 5-14 所示。

图 5-13　缩进左边距

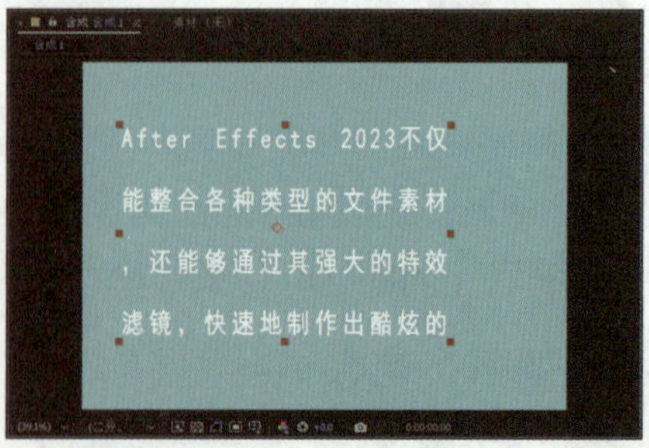

图 5-14　缩进右边距

（10）段前添加空格 ⊟：用于设置段前间距。

（11）段后添加空格 ⊟：用于设置段后间距。

（12）首行缩进 ⊞：用于设置段落的首行缩进量，如图 5-15 所示。

（13）从左到右的文本方向 ¶：单击该按钮，可以将文本按从左到右的方向进行缩进。

（14）从右到左的文本方向 ◀¶：单击该按钮，可以将文本按从右到左的方向进行缩进，如图 5-16 所示。

图 5-15　首行缩进

图 5-16　按从右到左的方向缩进文本

知识点4　文字路径

在创建"文本"图层后，可以为"文本"图层添加遮罩路径，使该图层内的文字沿绘制的路径进行排列，从而产生文字路径效果。

创建文字路径的具体方法如下：在"合成"面板中创建文字，然后在"时间轴"面板中选择该"文本"图层；在工具栏中单击"钢笔工具"按钮 ✍，在"合成"面板中绘制一个遮罩路径，如图 5-17 所示；在"时间轴"面板中依次展开该"文本"图层下的"文本"|"路径选项"选项，设置"路径"为"蒙版 1"，"垂直路径"为"关"，此时在"合成"面板中可以看到文字沿遮罩路径排列，如图 5-18 所示。

图 5-17　绘制遮罩路径

图 5-18　创建文字路径

在为文本添加路径后，可以在"时间轴"面板中设置路径下"路径选项"和"更多选项"选项区的选项来调整文本状态，如图 5-19 所示。

"路径选项"和"更多选项"选项区中各选项的含义如下。

（1）路径：用于设置文本的跟随路径。

（2）反转路径：用于设置是否反转路径。图 5-20 所示为"开"和"关"状态下的反转路径效果。

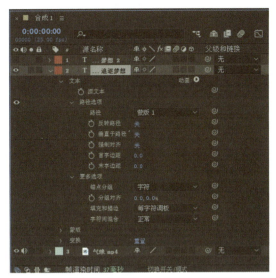

图 5-19 "路径选项"和"更多选项"选项区

"关"状态

"开"状态

图 5-20 "开"和"关"状态下的反转路径效果

（3）垂直于路径：用于设置文字是否垂直于路径。

（4）强制对齐：用于设置文字与路径首尾是否对齐。

（5）首字边距：用于设置首字的边距，如图 5-21 所示。

（6）末字边距：用于设置末字的边距，如图 5-22 所示。

图 5-21 设置首字的边距效果

图 5-22 设置末字的边距效果

（7）锚点分组：用于对文字锚点进行分组。

（8）分组对齐：用于设置锚点分组对齐的程度。

（9）填充和描边：用于设置文字填充和描边的次序。

（10）字符间混合：用于设置字符间的混合模式。

知识点5　文字动画

　　After Effects 2023 中的"文字"图层具有丰富的属性参数，通过设置文字属性参数和添加效果，可以制作出丰富多彩的动态文字效果，即文字动画，从而使视频作品的画面更加鲜艳生动。

　　可以在 After Effects 2023 中创建"文本"图层后，使用动画制作工具快速地创建文字动画。

　　"动画制作工具"组（图5-23）包含动画属性参数和动画选择器，下面分别进行介绍。

图5-23　"动画制作工具"组

1. 动画属性参数

　　在"动画制作工具"组中单击"动画"按钮 ▶，展开"动画属性"菜单，如图5-24所示，在该菜单中可以对文字动画的锚点、位置和缩放等参数进行设置。

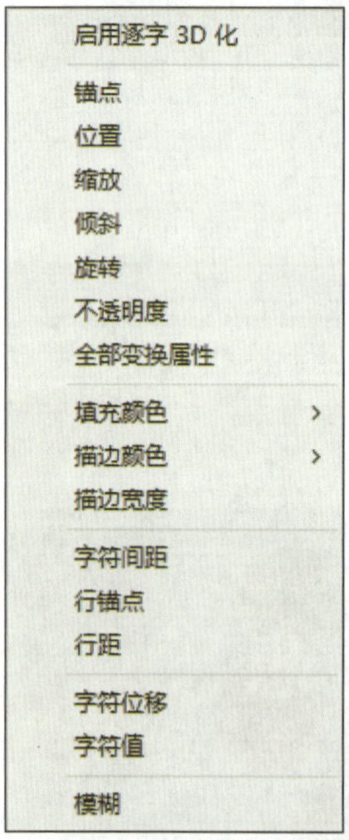

图5-24　"动画属性"菜单

　　"动画属性"菜单中各选项的含义如下。

　　（1）启用逐字 3D 化：控制是否开启 3D 文字功能。如果开启了该功能，在"文本"图层属性中将新增一个"材质选项"选项，该选项主要用于设置文字的漫反射、高光以及阴影等效果。

　　（2）锚点：用于调整文字中心定位点的变换动画。

　　（3）位置：用于调整文字的位置。

　　（4）缩放：用于调整文字的大小。

　　（5）倾斜：用于调整文字的倾斜程度。

　　（6）旋转：用于调整文字的旋转角度。

　　（7）不透明度：用于调整文字的不透明度。

　　（8）全部变换属性：将所有属性一次性添加到"动画制作工具"组中。

　　（9）填充颜色：用于调整文字的颜色变化，包括"RGB""色相""饱和度""亮度"和"不透明度"5个选项。

　　（10）描边颜色：用于调整文字描边的颜色变化，包括"RGB""色相""饱和度""亮度"和"不透明度"5个选项。

　　（11）描边宽度：用于调整文字描边的粗细。

（12）字符间距：用于调整文字的间距。

（13）行锚点：用于调整文字的对齐位置。

（14）行距：用于制作多行文字的行距变化动画。

（15）字符位移：按照统一的字符编码标准（即 Unicode 标准）为选择的文字制作偏移动画。

（16）字符值：按照 Unicode 标准，用设置的"字符值"所代表的字符统一替换原来的文字。

（17）模糊：用于制作文字的模糊动画，可以单独设置文字在水平和垂直方向的模糊数值。

2. 动画选择器

每个"动画制作工具"组都默认包含一个"范围"选择器。如果要在"动画制作工具"组中添加多个动画选择器，则可以在"动画制作工具"组右侧单击"添加"按钮 添加: ，展开列表，选择"选择器"选项，在子列表中选择合适的选择器即可，如图 5-25 所示。

图 5-25　"选择器"子列表

在"选择器"子列表中，选择"范围""摆动"和"表达式"选项，即可添加"范围"选择器、"摆动"选择器和"表达式"选择器，下面分别进行介绍。

1）"范围"选择器

使用"范围"选择器可以使文字按照特定的顺序进行移动和缩放，如图 5-26 所示。

"范围"选择器的选项区中各选项的含义如下。

（1）起始：用于设置"范围"选择器的开始位置。

（2）结束：用于设置"范围"选择器的结束位置。

（3）偏移：用于设置"范围"选择器的整体偏移量。

图 5-26　"范围"选择器

（4）单位：用于设置选择范围的单位，该列表包含"百分比"和"索引"2种单位，如图 5-27 所示。

（5）依据：用于设置"范围"选择器动画的基于模式，该列表包含"字符""不包含空格的字符""词"和"行"4种模式，如图 5-28 所示。

图 5-27　"单位"列表

图 5-28　"依据"列表

（6）模式：用于设置多个"范围"选择器的混合模式，该列表包含"相加""相减""相交""最小值""最大值"和"差值"6种模式，如图 5-29 所示。

（7）数量：用于设置"属性"动画参数对"范围"选择器文字的影响程度。

（8）形状：用于设置"范围"选择器边缘的过渡方式，该列表包含"正方形""上斜坡""下斜坡""三角形""圆形"和"平滑"6种方式，如图 5-30 所示。

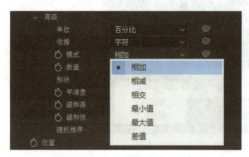

图 5-29　"模式"列表

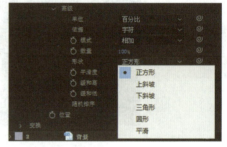

图 5-30　"形状"列表

（9）平滑度：用于设置一个字符到另一个字符过渡的动画时间，该选项只有在设置"形状"为"正方形"方式时才可以使用。

（10）缓和高：用于设置特效缓入数值。

（11）缓和低:用于设置原始状态缓出数值。

（12）随机排序：用于决定是否启用随机设置。

2）"摆动"选择器

使用"摆动"选择器可以使文字在指定的时间产生摇摆动画，如图 5-31 所示。

"摆动"选择器的选项区中各选项的含义如下。

（1）模式：用于设置"摆动"选择器与其

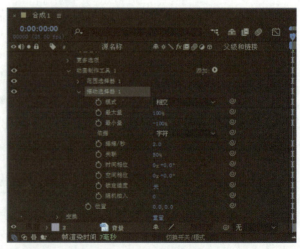

图 5-31　"摆动"选择器

上层选择器的混合模式，类似多重遮罩的混合设置。

（2）最大量：用于设置"摆动"选择器的最大变化幅度。

（3）最小量：用于设置"摆动"选择器的最小变化幅度。

（4）摇摆/秒：用于设置文字摇摆的变化频率。

（5）关联：用于设置每个字符变化的关联性。

（6）时间相位：用于设置字符基于时间的相位大小。

（7）空间相位：用于设置字符基于空间的相位大小。

（8）锁定维度：用于设置是否让不同维度的摆动幅度拥有相同的数值。

（9）随机植入：用于设置随机的变数。

3）"表达式"选择器

使用"表达式"选择器可以很方便地使用动态方法设置动画属性对文字的影响范围，如图 5-32 所示。

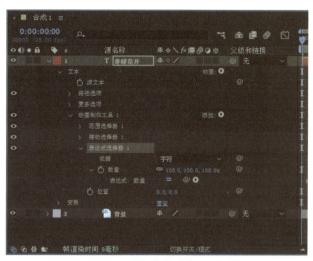

图 5-32   "表达式"选择器

知识点6   3D文字属性

在创建"文本"图层后，启动该图层的"3D 图层"功能，可以使用 3D 文字属性。使用 3D 文字属性的方法很简单，只要在选择"文本"图层后，单击鼠标右键，在弹出的快捷菜单中选择"3D 图层"命令，如图 5-33 所示，或者在菜单栏中执行"图层"|"3D 图层"命令即可，如图 5-34 所示。

图 5-33 选择"3D 图层"命令

图 5-34 执行"图层"|"3D 图层"命令

使用以上任何一种方法均可以将"文本"图层转换为 3D 图层，且"变换"选项区中的选项参数也随之发生变化，如图 5-35 所示。

"变换"选项区中各选项的含义如下。

（1）锚点：用于设置文本在 3D 空间中的中心点位置。

（2）位置：用于设置文本在 3D 空间中的位置。

（3）缩放：用于设置文本在 3D 空间中的大小。

（4）方向：用于设置文本在 3D 空间中的方向。

① X 轴旋转：用于设置文本以 X 轴为中心的旋转角度。

② Y 轴旋转：用于设置文本以 Y 轴为中心的旋转角度。

③ Z 轴旋转：用于设置文本以 Z 轴为中心的旋转角度。

（5）不透明度：用于设置文本在 3D 空间中的不透明度。

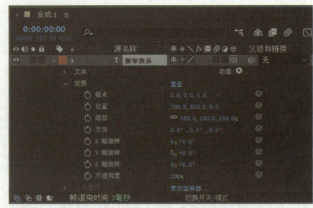

图 5-35　"变换"选项区

知识点7　文字动画预设

图 5-36　"动画预设"｜"Text"列表

在 After Effects 2023 中，"效果和预设"面板中的"动画预设"｜"Text"列表包含多种文字动画预设，如图 5-36 所示。

用户可以直接调用这些文字动画预设，其具体方法如下：在"Text"列表中选择文字动画预设，按住鼠标左键并拖拽至"文本"图层上后，释放鼠标左键即可。图 5-37 所示为"模糊并渐入"文字动画预设效果。

图 5-37　"模糊并渐入"文字动画预设效果

1. 解析设计思路与设计方案

本项目要求制作电影片尾字幕。该字幕选择深沉的黑色作为底色，再搭配电影视频，使电影片尾内容更加丰富，最后搭配文字动画效果，让电影片尾内容慢慢展示，为电影片尾增添艺术感。

本项目的最终效果如图 5-38 所示，具体步骤如下。

（1）制作电影片尾合成画面。

（2）创建与编辑文字属性。

（3）为文字添加动画效果。

图 5-38 电影片尾字幕

2. 制作电影片尾合成画面

（1）执行"文件"|"新建"|"新建项目"命令，新建一个项目。

（2）执行"合成"|"新建合成"命令，打开"合成设置"对话框，修改"合成名称"为"合成 1"，"宽度"为"1 050 px"，"高度"为"576 px"，"像素长宽比"为"方形像素"，"帧速率"为"24"，"持续时间"为"10秒"，"背景颜色"为"黑色 #000000"（RGB 均为 0），单击"确定"按钮，如图 5-39 所示。

（3）新建一个合成文件，并在"项目"面板中显示，如图 5-40 所示。

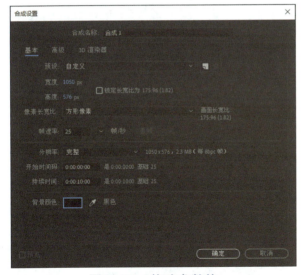

图 5-39 修改参数值

图 5-40 新建合成文件

（4）在菜单栏中执行"文件"|"导入"|"文件"命令，如图 5-41 所示。

（5）打开"导入文件"对话框，在对应的文件夹中选择需要导入的"山脉"视频文件和"音乐"音频文件，单击"导入"按钮，如图 5-42 所示。

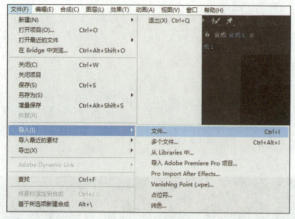

图 5-41　执行"文件"|"导入"|"文件"命令　　图 5-42　选择需要导入的视频文件和音频文件

（6）将选择的视频文件和音频文件导入"项目"面板，如图 5-43 所示。

（7）在"项目"面板中选择"山脉"和"音乐"文件，按住鼠标左键并拖拽，将其添加至"时间轴"面板中，如图 5-44 所示。

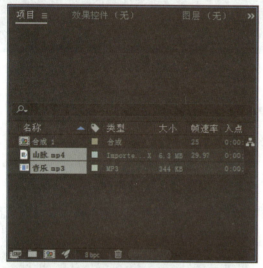

图 5-43　导入视频文件和音频文件

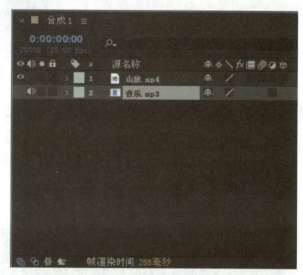

图 5-44　拖拽文件

（8）依次展开"山脉"|"变换"选项，修改"位置"为"715"和"243"，"缩放"为"47"，如图 5-45 所示。

（9）更改视频素材的显示大小和位置，其效果如图 5-46 所示。

图 5-45　修改参数值

图 5-46　更改视频素材的显示大小和位置

（10）选择"山脉"图层，按快捷键"Ctrl+D"，复制图层，如图 5-47 所示。

（11）选择复制后的图层，依次展开"山脉"|"变换"选项，修改"位置"为"715"和"639"，"不透明度"为"15%"，如图 5-48 所示。

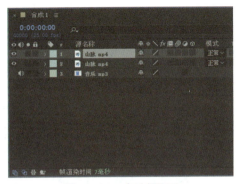

图 5-47　复制图层

图 5-48　修改参数值

（12）变换复制后的视频素材的位置，其效果如图 5-49 所示。

（13）在"效果和预设"面板中搜索"翻转"视频效果，然后选择"翻转"视频效果，如图 5-50 所示。

图 5-49　变换复制后的视频素材的位置

图 5-50　选择"翻转"视频效果

（14）在选择的视频效果上按住鼠标左键并拖拽，将其添加至复制后的"山脉"图层上，然后展开"山脉"|"效果"|"Transform"选项，修改"不透明度"为"86%"，如图 5-51 所示。

（15）为视频素材添加"翻转"视频效果，其效果如图 5-52 所示。

图 5-51　修改参数值

图 5-52　为视频素材添加"翻转"视频效果

3. 创建与编辑文字属性

（1）在工具栏中单击"横排文字工具"按钮，如图5-53所示。

（2）在"合成"面板中按住鼠标左键并拖拽，绘制文本框，在文本框中输入文本，如图5-54所示。

图5-53　单击"横排文字工具"按钮

图5-54　在文本框中输入文本

（3）选择新添加的文本，在"字符"面板中修改"字体"为"华文新魏"，"文字大小"为"35"，"行距"为"77"，"字符间距"为"14"，"描边宽度"为"0"，如图5-55所示。

（4）在"段落"面板中单击"居中对齐文本"按钮，如图5-56所示。

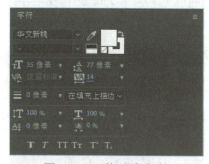

图5-55　修改参数值

图5-56　单击"居中对齐文本"按钮

（5）更改文本的字体和对齐方式，其效果如图5-57所示。

图5-57　更改文本的字体和对齐方式

4. 为文字添加动画效果

（1）在"时间轴"面板中选择"文本"图层，依次展开"文本图层"|"变换"选项，

修改"位置"为"221"和"781"，单击"时间变化秒表"按钮，添加一个关键帧，如图 5-58 所示。

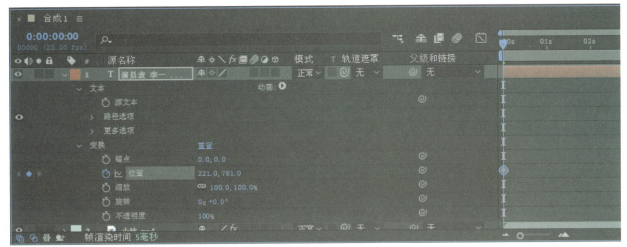

图 5-58　添加关键帧

（2）将时间线移至 9 秒 22 帧的位置，修改"位置"为"221"和"-381"，添加一个关键帧，如图 5-59 所示。

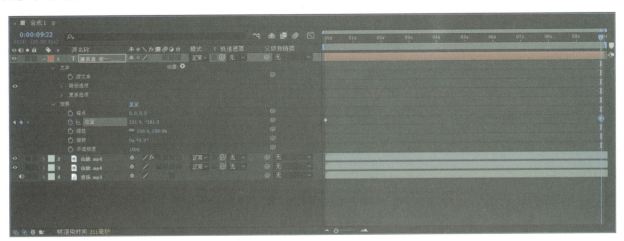

图 5-59　添加关键帧

（3）至此，电影片尾字幕制作完成，可以在"合成"面板中预览动画效果，如图 5-60 所示。

图 5-60　预览动画效果

制作Vlog片头文字动画

制作Vlog片头文字动画（图5-61），以粉色和白色作为主色，添加草莓、花朵和树叶等图案点缀动画，使片头文字更加醒目（素材/项目5/"片头.mp4"、效果/项目5/"课后练习.aep"）。

图5-61　制作Vlog片头文字动画

使用效果滤镜创建文字

可以使用效果滤镜创建文字，效果滤镜包括"基本文字""路径文字""编号"和"时间码"4种，下面分别进行介绍。

1. 使用"基本文字"滤镜创建文字

"基本文字"滤镜主要用于创建比较规整的文字，可以设置文字的大小、颜色以及文字间距等。

使用"基本文字"滤镜创建文字的具体方法如下：执行"效果"|"过时"|"基本文字"命令，打开"基本文字"对话框，修改参数值并输入文字，如图5-62所示，单击"确定"按钮即可。

"基本文字"对话框中各选项的含义如下。

（1）字体：设置文字的字体。

（2）样式：设置文字的样式。

（3）方向：设置文字的方向，有"水平""垂直"和"旋转"3个单选按钮。

（4）对齐方式：设置文字的对齐方式，有"左对齐""居中对齐"和"右对齐"3个单选按钮。

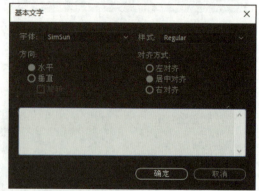

图5-62　"基本文字"对话框

2. 使用"路径文字"滤镜创建文字

使用"路径文字"滤镜可以让文字在自定义的遮罩路径上产生一系列运动效果，还可以使用该滤镜完成"逐一打字"的效果。

使用"路径文字"滤镜创建文字的具体方法如下：执行"效果"|"过时"|"路径文本"命令，打开"路径文字"对话框，修改参数值并输入文字，如图 5-63 所示，单击"确定"按钮即可。

在创建路径文字后，可以在"效果控件"面板的"基本文字"选项区中对文字设置"信息""路径选项""填充和描边""字符""段落"和"高级"等属性。

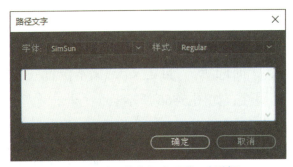

图 5-63　"路径文字"对话框

3. 使用"编号"滤镜创建文字

"编号"滤镜主要用于创建各种数字效果，尤其对创建数字的变化效果非常有效。

使用"编号"滤镜创建文字的具体方法如下：选择文字后，执行"效果"|"文本"|"编号"命令，将打开"编号"对话框，修改参数值，如图 5-64 所示，单击"确定"按钮即可。

在创建编号文字后，可以在"效果控件"面板的"编号"选项区中对文字设置"类型""随机值""数值/位移/随机最大""小数位数""当前时间/日期"和"比例间距"等属性，如图 5-65 所示。

图 5-64　"编号"对话框

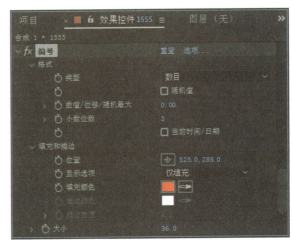

图 5-65　"编号"选项区

"编号"选项区中各常用选项的含义如下。

（1）类型：用于设置数字类型，可以选择数目、时间码、日期、时间和十六进制数字。

（2）随机值：用于设置数字的随机变化。

（3）数值/位移/随机最大：用于设置数字随机离散的范围。

（4）小数位数：用于设置小数点后的位数。

（5）当前时间/日期：用于设置当前系统的时间和日期。

（6）比例间距：用于设置均匀的间距。

4. 使用"时间码"滤镜创建文字

"时间码"滤镜主要用于创建各种时间码动画，与"编号"滤镜中的时间码效果比较类似。使用"时间码"滤镜创建文字的具体方法如下：选择文字后，执行"效果"l"文本"l"时间码"命令即可。可以在"效果控件"面板的"时间码"选项区中对文字设置"显示格式""时间源""自定义""文本位置""文字大小""文字颜色""方框颜色"和"不透明度"等属性，如图5-66所示。

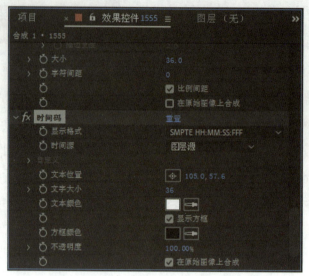

图5-66 "时间码"选项区

"时间码"选项区中各选项的含义如下。

（1）显示格式：用于设置时间码格式。

（2）时间源：用于设置时间码的来源。

（3）自定义：用于自定义时间码的单位。

（4）文本位置：用于设置时间码显示的位置。

（5）文字大小：用于设置时间码的大小。

（6）文字颜色：用于设置时间码的颜色。

（7）方框颜色：用于设置外框的颜色。

（8）不透明度：用于设置不透明度。

项目 6

视频效果——制作美食宣传动画

　　视频效果是 After Effects 2023 核心元素之一，使用视频效果可以模拟各种质感和风格的效果，常用于视频、电影和广告制作等领域。本项目详细讲解 After Effects 2023 中视频效果的应用方法，通过本项目的学习，读者可以快速掌握各种视频效果的制作方法，从而制作出各种风景、美食等相关视频作品。

学习目标

【知识目标】

- 了解视频效果的作用和分类。
- 掌握各种视频效果的添加方法。

【能力目标】

- 熟悉视频效果的应用思路和过程，能够根据视频需求制作视频效果。
- 掌握视频效果的应用方法和技巧，能够应用视频效果快速制作各种特效。

【素养目标】

- 培养视频效果的编辑能力，能够独立编辑不同的视频效果。
- 培养视频效果的设置能力，能够运用视频效果制作不同的视频作品。

项目拆解

　　（1）添加各种视频效果。

　　（2）添加图层样式与合成文字。

知识点1　3D通道

"3D通道"视频效果组主要用于修改3D图像及图像相关的3D信息。该视频效果组包含"3D通道提取""场深度""ID遮罩"和"雾3D"等视频效果，如图6-1所示。

下面介绍"3D通道"视频效果组中各视频效果的含义。

1. 3D通道提取

使用"3D通道提取"视频效果可以通过辅助通道将图像显示为灰度或多通道颜色图像。添加"3D通道提取"视频效果的具体方法如下：在"效果和预设"面板中展开"3D通道提取"列表，选择"3D通道提取"视频效果，按住鼠标左键并拖拽，将其添加至"时间轴"面板的视频或图像素材上即可。在添加"3D通道提取"视频效果后，可以在"效果控件"面板的"3D通道提取"选项区中修改各参数值，如图6-2所示。

图6-1　"3D通道"视频效果组

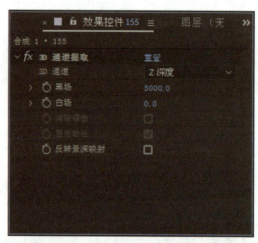

图6-2　"3D通道提取"选项区

"3D通道提取"选项区中各选项的含义如下。

（1）3D通道：在该列表中可以选择要从3D图像提取的通道。该列表包含"Z深度""对象ID""纹理UV""曲面法线""覆盖范围""背景RGB""非固定RGB"和"材质ID"8个选项。

（2）黑场：用于设置映射至黑色的值。

（3）白场：用于设置映射至白色的值。

（4）消除锯齿：勾选该复选框，可以为输出的效果消除锯齿。

（5）固定输出：该复选框仅适用于32-bpc颜色模式，勾选该复选框，可以将效果的灰度输出固定为0~1.0。

（6）反转景深映射：勾选该复选框，可以将效果的灰度输出反转。

2. 场深度

使用"场深度"视频效果可以在所选的图层中制作出模拟相机拍摄的景深效果。在添加"场深度"视频效果后，可以在"效果控件"面板的"场深度"选项区中修改各参数值，如图 6-3 所示。

"场深度"选项区中各选项的含义如下。

（1）焦平面：用于指定焦平面沿 Z 轴到摄像机的距离。

（2）最大半径：用于指定对焦平面以外的对象应用模糊的程度。

（3）焦平面厚度：用于确定焦点对准焦平面任一侧的深度。

（4）焦点偏移：用于设置焦点的偏移值，偏移值越大，元素离开焦点的速度越高，且距焦平面越远。

3. Cryptomatte

使用"Cryptomatte（自动 ID 蒙版提取工具）"视频效果可以渲染时自动创建物体和材质的 ID 蒙版，该视频效果用于后期合成时独立物体和材质蒙版的提取。

4. EXtractoR

使用"EXtractoR（提取器）"视频效果可以从嵌套的合成文件中提取深度通道，但为透明背景上的边缘消除锯齿可能导致使用条纹渲染。

5. ID 遮罩

使用"ID 遮罩"视频效果可以以材质或对象 ID 为元素进行标记。在添加"ID 遮罩"视频效果后，可以在"效果控件"面板的"ID 遮罩"选项区中修改各参数值，如图 6-4 所示。

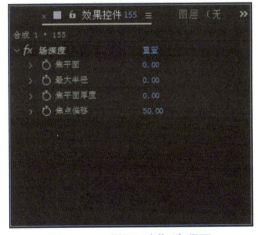

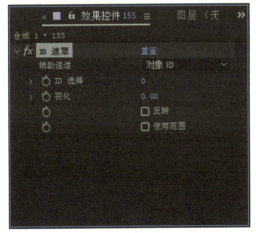

图 6-3 "场深度"选项区   图 6-4 "ID 遮罩"选项区

"ID 遮罩"选项区中各选项的含义如下。

（1）辅助通道：该列表可以根据对象 ID 或材质 ID 隔离元素。

（2）ID 选择：用于指定对象的 ID 值。

（3）羽化：设置沿遮罩边缘的羽化量。

（4）反转：勾选该复选框，可以对指定的对象进行遮罩处理。

（5）使用范围：勾选该复选框，可以从沿遮罩边缘的像素中移除对象所存储的颜色，以此创建更纯净的遮罩。

6. IDentifier

使用"IDentifier（标识符）"视频效果可以对图像中的 ID 信息进行标识。

7. 深度遮罩

使用"深度遮罩"视频效果可以读取 3D 图像中的深度信息，并沿 Z 轴在任意位置对图像切片。

8. 雾化 3D

使用"雾化 3D"视频效果可以通过模拟穿过空气中的散射介质行为（对象的 Z 轴距离越大，弥散效果越强）来模拟雾效。

知识点2　风格化

"风格化"视频效果组可以为视频作品添加卡通、马赛克、浮雕等特殊效果，从而让视频作品的视觉效果更加丰富。该视频效果组包含"阈值""画笔描边""卡通""彩色浮雕"和"马赛克"等视频效果，如图 6-5 所示。

下面介绍"风格化"视频效果组中各常用视频效果的含义。

图 6-5　"风格化"视频效果组

1. 阈值

使用"阈值"视频效果可以将彩色图像变成高对比度的黑白图像。图 6-6 所示为使用"阈值"视频效果前、后对比。

图 6-6　使用"阈值"视频效果前、后对比

2. 画笔描边

使用"画笔描边"视频效果可以使画面变为画笔绘制的效果，常用于制作油画效果。

图 6-7 所示为使用"画笔描边"视频效果前、后对比。

图 6-7　使用"画笔描边"视频效果前、后对比

在添加"画笔描边"视频效果后，可以在"效果控件"面板的"画笔描边"选项区中修改各参数值，如图 6-8 所示。

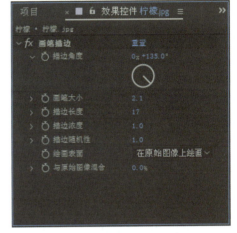

图 6-8　"画笔描边"选项区

"画笔描边"选项区中各选项的含义如下。

（1）描边角度：用于设置描边的方向。

（2）画笔大小：用于设置画笔的大小。

（3）描边长度：用于设置每个描边的最大长度。

（4）描边浓度：用于设置每个描边的最高浓度，浓度较高会导致画笔描边重叠。

（5）描边随机性：用于创建不一致的描边。

（6）绘画表面：用于指定应用画笔描边的位置。

（7）与原始图像混合：用于在未修改的图层上运用描边。

3. 卡通

使用"卡通"视频效果可以简化和平滑图像中的阴影和颜色，并可以将描边添加到轮廓之间的边缘上，从而为图像模拟卡通效果。图 6-9 所示为使用"卡通"视频效果前、后对比。

图 6-9　使用"卡通"视频效果前、后对比

4. 散布

使用"散布"视频效果可以在图层中散布像素，并为图像创建模糊的外观效果。图6-10所示为使用"散布"视频效果前、后对比。

图6-10　使用"散布"视频效果前、后对比

5. CC Block Load

使用"CC Block Load（块状载入）"视频效果可以模拟渐进图像的加载效果。

6. CC Burn Film

使用"CC Burn Film（CC胶片灼烧）"视频效果可以模拟影片灼烧效果。

7. CC Glass

使用"CC Glass（CC玻璃）"视频效果可以扭曲视频素材的阴影层，从而模拟玻璃效果。

8. CC HexTile

使用"CC HexTile（CC十六进制砖）"视频效果可以模拟砖块的拼接效果。

9. CC Kaleida

使用"CC Kaleida（CC万花筒）"视频效果可以模拟万花筒效果。

10. CC Mr.Smoothie

使用"CC Mr.Smoothie（CC像素溶解）"视频效果可以将颜色映射到一个形状上，并由另一个图层进行溶解。

11. CC Plastic

使用"CC Plastic（CC塑料）"视频效果可以在图像中通过照亮层与选定层产生凹凸的塑料效果。

12. CC RepeTile

使用"CC RepeTile（多种叠印效果）"视频效果可以扩展图层大小与瓷砖边缘，从而产生多种叠印效果。

13. CC Threshold

使用"CC Threshold（CC阈值）"视频效果可以使图像画面中高于阈值的部分呈白色显示，而低于阈值的部分呈黑色显示。

14. CC Threshold RGB

使用"CC Threshold RGB（CC RGB 阈值）"视频效果可以使图像画面中高于阈值的部分为亮面，而低于阈值的部分为暗面。

15. CC Vignette

使用"CC Vignette（CC 装饰图案）"视频效果可以为视频画面添加或删除边缘的光晕效果。

16. 彩色浮雕

使用"彩色浮雕"视频效果可以通过指定的角度模拟纹理效果，并强化图像的纹理边缘。图 6-11 所示为使用"彩色浮雕"视频效果前、后对比。

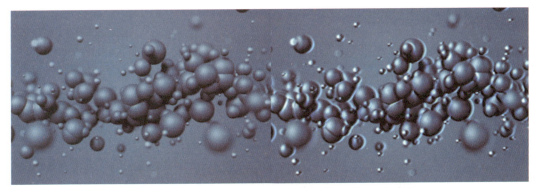

图 6-11　使用"彩色浮雕"视频效果前、后对比

17. 浮雕

使用"浮雕"视频效果可以为视频画面模拟浮雕的凹凸起伏效果。

18. 马赛克

使用"马赛克"视频效果可以使图像产生多个单色矩形拼接的图形效果。图 6-12 所示为使用"马赛克"视频效果前、后对比。

图 6-12　使用"马赛克"视频效果前、后对比

19. 色调分离

使用"色调分离"视频效果可以使视频画面中的色调分离，并减少图像中的颜色信息。

20. 动态拼接

使用"动态拼接"视频效果可以为视频画面添加运动模糊的拼接效果。

21. 发光

使用"发光"视频效果可以将图像中最亮部分的像素周围变亮，使其发光。图6-13所示为使用"发光"视频效果前、后对比。

图6-13　使用"发光"视频效果前、后对比

22. 查找边缘

使用"查找边缘"视频效果可以在图像中查找并强调边缘效果。图6-14所示为使用"查找边缘"视频效果前、后对比。

图6-14　使用"查找边缘"视频效果前、后对比

23. 毛边

使用"毛边"视频效果可以将视频画面中图层的Alpha通道变得粗糙，并产生腐蚀效果。

24. 纹理化

使用"纹理化"视频效果可以将一个图层中的纹理效果添加到当前图层上。

25. 闪光灯

使用"闪光灯"视频效果可以为图像添加闪光效果，从而让图像定期或不定期地呈透明效果。图6-15所示为使用"闪光灯"视频效果前、后对比。

图6-15　使用"闪光灯"视频效果前、后对比

知识点3 过时

"过时"视频效果组可以为视频作品添加亮度、闪光和模糊等特殊效果。该视频效果组包含"亮度键""基本 3D""颜色键""闪光"和"高斯模糊"等视频效果，如图 6-16 所示。

下面介绍"过时"视频效果组中各常用视频效果的含义。

图 6-16 "过时"视频效果组

1. 亮度键

使用"亮度键"视频效果可以抠取图层中具有指定明亮度或亮度的所有区域。图 6-17 所示为使用"亮度键"视频效果前、后对比。

图 6-17 使用"亮度键"视频效果前、后对比

在添加"亮度键"视频效果后，可以在"效果控件"面板的"亮度键"选项区中修改各参数值，如图 6-18 所示。

"亮度键"选项区中各常用选项的含义如下。

（1）键控类型：在该列表中可以选择图像抠取的范围类型，该列表包含"抠出较亮区域""抠出较暗区域""抠出亮度相似的区域"和"抠出亮度不同的区域"4 种类型。

（2）阈值：用于设置遮罩基于的明亮度值。

（3）容差：用于指定要抠出的值的范围。值越小，则要抠出的阈值附近的值范围越小；值越大，则要抠出的值范围越大。

图 6-18 "亮度键"选项区

（4）薄化边缘：用于指定抠像区域边界的宽度。

（5）羽化边缘：用于指定边缘的柔和度。

2. 减少交错闪烁

使用"减少交错闪烁"视频效果可以通过调整视频画面的柔和度来减少交错闪烁的效果。

3. 基本 3D

使用"基本 3D"视频效果可以在 3D 空间中对图像进行旋转、倾斜、水平或垂直等操作。图 6-19 所示为使用"基本 3D"视频效果前、后对比。

图 6-19　使用"基本 3D"视频效果前、后对比

4. 基本文字

使用"基本文字"视频效果可以为视频画面添加基本字符效果。

5. 溢出抑制

使用"溢出抑制"视频效果可以通过调整要溢出的颜色和抑制参数来改变视频画面的颜色。

6. 路径文本

使用"路径文本"视频效果可以在视频画面中沿路径自动创建文本效果。

7. 闪光

使用"闪光"视频效果可以在视频画面中模拟闪光效果。

8. 颜色键

使用"颜色键"视频效果可以抠出与指定的主色相似的所有图像像素。图 6-20 所示为使用"颜色键"视频效果前、后对比。

图 6-20　使用"颜色键"视频效果前、后对比

9. 高斯模糊（旧版）

使用"高斯模糊（旧版）"视频效果可以对视频画面进行模糊处理。

知识点4 模糊和锐化

"模糊和锐化"视频效果组主要用于对视频画面进行模糊或锐化操作。该视频效果组包含"复合模糊""锐化""智能模糊""双向模糊""定向模糊""钝化蒙版"和"高斯模糊"等视频效果，如图 6-21 所示。

图 6-21 "模糊和锐化"视频效果组

下面介绍"模糊和锐化"视频效果组中各常用视频效果的含义。

（1）复合模糊：可以创建基于亮度值的模糊图像，并使图像具有烟熏效果。图 6-22 所示为使用"复合模糊"视频效果前、后对比。

图 6-22 使用"复合模糊"视频效果前、后对比

（2）锐化：可以快速聚焦模糊边缘，提高画面的清晰度。图 6-23 所示为使用"锐化"视频效果前、后对比。

图 6-23 使用"锐化"视频效果前、后对比

（3）通道模糊：可以通过使用红色通道、绿色通道、蓝色通道或 Alpha 通道模糊图像。

（4）CC Cross Blur（交叉模糊）：可以对视频画面进行水平和垂直模糊处理。

（5）CC Radial Blur（CC 放射模糊）：可以缩放或旋转模糊当前视频画面。

（6）CC Radial Fast Blur（CC 快速放射模糊）：可以为当前视频画面快速添加径向模糊效果。

（7）CC Vector Blur（通道矢量模糊）：可以为当前视频画面添加矢量场模糊效果。

（8）摄像机镜头模糊：可以使用常用摄像机的光圈形状模糊视频画面。

（9）摄像机抖动去模糊：可以为视频素材减少摄像机抖动所导致的动态模糊伪影效果。

（10）智能模糊：可以对保留图像的边缘进行模糊处理。

（11）双向模糊：可以为视频画面添加平滑模糊效果。图 6-24 所示为使用"双向模糊"视频效果前、后对比。

图 6-24　使用"双向模糊"视频效果前、后对比

（12）定向模糊：可以在视频画面中通过一定的方向添加模糊效果。

（13）径向模糊：可以沿指定方向模糊图像，从而创建运动效果。

（14）快速方框模糊：可以将重复的方框模糊效果应用在视频画面中。

（15）钝化蒙版：可以在模糊视频画面的同时调整视频画面的曝光度和饱和度。

（16）高斯模糊：可以使视频画面既模糊又平滑，从而有效减少视频画面中的层次细节。

知识点5　模拟

"模拟"视频效果组可以为视频画面模拟下雨、下雪和泡沫等特殊效果。该视频效果组包含"焦散""卡片动画""泡沫"和"碎片"等视频效果，如图 6-25 所示。

下面介绍"模拟"视频效果组中各常用视频效果的含义。

（1）焦散：可以模拟水面的折射和反射效果。

（2）卡片动画：可以使当前视频画面通过渐变图层产生卡片动画效果。

图 6-25　"模拟"视频效果组

（3）CC Ball Action（CC球形粒子化）：可以为视频画面模拟球形网格效果。图6-26所示为使用"CC Ball Action"视频效果前、后对比。

图6-26　使用"CC Ball Action"视频效果前、后对比

（4）CC Bubbles（CC气泡）：可以为当前视频画面模拟气泡效果。

（5）CC Drizzle（细雨）：可以为当前视频画面模拟雨滴落入水面的涟漪效果。

（6）CC Hair（CC毛发）：可以将当前视频画面转换为毛发效果显示。

（7）CC Mr.Mercury（CC仿水银流动）：可以为当前视频画面模拟水银流动效果。

（8）CC Particle Systems Ⅱ（CC粒子仿真系统Ⅱ）：可以为当前视频画面模拟烟花效果。

（9）CC Particle World（CC粒子仿真世界）：可以为当前视频画面模拟烟花、飞雾等效果。

（10）CC Pixel Polly（CC像素多边形）：可以为当前视频画面模拟画面破碎感。

（11）CC Rainfall（CC降雨）：可以为当前视频画面模拟下雨的效果。图6-27所示为使用"CC Rainfall"视频效果前、后对比。

图6-27　使用"CC Rainfall"视频效果前、后对比

（12）CC Scatterize（发散粒子）：将当前视频画面分散为粒子形状，从而模拟吹散效果。

（13）CC Snowfall（下雪）：可以为当前视频画面模拟雪花飞舞的效果。图6-28所示为使用"CC Snowfall"视频效果前、后对比。

图 6-28　使用"CC Snowfall"视频效果前、后对比

（14）CC Star Burst（CC 星团）：可以为当前视频画面模拟星团效果。

（15）泡沫：可以为当前视频画面模拟流动、黏附和弹出的气泡、水珠等效果。图 6-29 所示为使用"泡沫"视频效果前、后对比。

图 6-29　使用"泡沫"视频效果前、后对比

（16）波形环境：可以创建灰度置换图，以便模拟焦散、色光效果。

（17）碎片：可以为当前视频画面模拟爆炸飞散效果。

（18）粒子运动场：可以为视频画面中大量的相似图像设置一团萤火虫等动画效果。

知识点6　扭曲

"扭曲"视频效果组主要通过旋转、收聚或筛选来扭曲图像。该视频效果组包含"球面化""镜像""湍流置换""旋转扭曲""波形变形"和"边角定位"等视频效果，如图 6-30 所示。

下面介绍"扭曲"视频效果组中各常用视频效果的含义。

（1）球面化：用于将平面图像转换成球面图像。

（2）贝塞尔曲线变形：用于通过调整曲线控制点来调整图像形状。

（3）旋涡条纹：用于使用曲线扭曲

图 6-30　"扭曲"视频效果组

图像。

（4）改变形状：用于改变图像中某一部分的形状。

（5）放大：用于放大全部或部分图像。

（6）镜像：用于对图像进行镜像操作。图6-31所示为使用"镜像"视频效果前、后对比。

图6-31　使用"镜像"视频效果前、后对比

（7）CC Bend It（CC弯曲）：用于弯曲或扭曲图像中的某一部分。

（8）CC Bender（CC卷曲）：用于卷曲图像。

（9）CC Blobbylize（CC融化溅落点）：用于模拟融化溅落点效果。

（10）CC Flo Motion（CC两点收缩变形）：用于将图像中任意两点作为中心点收缩周围像素。

（11）CC Griddler（CC网格变形）：用于模拟错位的网格效果。

（12）CC Lens（CC镜头）：用于模拟镜头扭曲效果。

（13）CC Page Turn（CC卷页）：用于模拟书页卷起效果。

（14）CC Power Pin（CC四角缩放）：用于模拟透视效果，并可以对4个角点进行拉伸、倾斜、变形等操作。

（15）CC Ripple Pulse（CC波纹脉冲）：用于模拟波纹扩散变形效果。

（16）CC Slant（CC倾斜）：用于产生平行倾斜的视觉效果。

（17）CC Smear（CC涂抹）：用于通过调整控制点来使图像中的某一部分变形。

（18）CC Split（CC分裂）：用于模拟图像分裂效果。

（19）CC Split 2（CC分裂2）：用于模拟图像中两点之间的不对称分裂效果。

（20）CC Tiler（CC平铺）：用于模拟图像的重复画面效果。

（21）光学补偿：用于引入或移除镜头扭曲效果。

（22）湍流置换：用于使用不规则噪波置换素材。

（23）置换图：用于使用不规则杂色置换图层。

（24）偏移：可以使视频画面进行水平或垂直移动，在进行移动后，视频画面中空缺的像素会自动进行补充。

（25）网络变形：用于在图像中添加网格，并通过控制网格交叉点来使图像变形。

（26）保留细节放大：用于放大图层并保留图像边缘锐度，从而对图像进行降噪处理。

（27）凸出：用于围绕一个点扭曲图像。

（28）变形：用于对图像进行扭曲变形处理。

（29）变换：用于移动图像的位置、调整高度比例和宽度比例、倾斜或旋转图像，还可以修改图像的不透明度。

（30）变形稳定器：用于消除因摄像机移动所导致的画面抖动，将抖动效果转化为稳定的平滑拍摄效果。

（31）旋转扭曲：用于将图像扭曲成旋转的数字迷雾。图 6-32 所示为使用"旋转扭曲"视频效果前、后对比。

图 6-32　使用"旋转扭曲"视频效果前、后对比

（32）极坐标：用于模拟图像旋转拉伸的极限效果。

（33）果冻效应修复：用于修复效果来去除扭曲伪像。

（34）波形变形：用于使视频画面产生类似水波的波形形状。

（35）波纹：用于在指定图层中创建波纹效果。

（36）液化：可以通过液化刷来推动、拖拉、旋转、扩大和收缩图像。

（37）边角定位：可以通过上左、上右、下左和下右参数扭曲图像。

知识点7　生成

"生成"视频效果组主要用于在视频画面中添加网格、渐变、棋盘、镜头光晕等效果。该视频效果组包含"分形""镜头光晕""网格""勾画""波形变形"和"边角定位"等视频效果，如图 6-33 所示。

下面介绍"生成"视频效果组中各常用视频效果的含义。

（1）分形：用于生成以数学方式计算的分形图像。

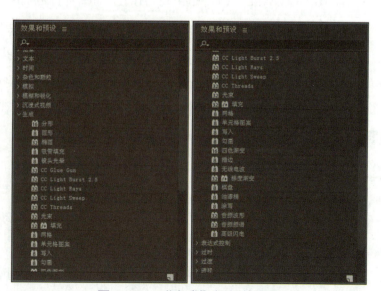

图 6-33　"生成"视频效果组

（2）圆形：用于创建环形圆或实心圆效果。

（3）椭圆：可以在视频画面中创建椭圆形状。

（4）吸管填充：可以在素材中选择一种颜色，然后使用混合模式将选择的颜色应用于第二个素材。

（5）CC Glue Gun（CC 喷胶枪）：可以使图像产生胶水喷射弧度效果。

（6）CC Light Burst 2.5（CC 突发光 2.5）：可以在图像上产生光线爆裂的透视效果。

（7）CC Light Rays（光线）：可以在图像上通过不同的颜色映射出不同的光线。

（8）CC Light Sweep（CC 扫光）：可以在图像上以某一点为中心，将一边以擦除的方式显示出扫光效果。

（9）CC Threads（CC）：用于模拟带纹理的编织交叉效果。

（10）镜头光晕：可以模拟在自然光下拍摄时所遇到的强光，从而使画面产生光晕效果。图 6-34 所示为使用"镜头光晕"视频效果前、后对比。

图 6-34　使用"镜头光晕"视频效果前、后对比

（11）光束：用于模拟激光光束效果。

（12）填充：用于为图像指定填充颜色。

（13）网格：可以创建栅格，将其用作蒙版，还可以通过混合模式选项进行叠加。

（14）单元格图案：可以创建有趣的背景特效，或者用作蒙版。

（15）写入：用于将描边描绘到图像上。

（16）勾画：可以在图像周围模拟航行灯或者基于路径的脉冲动画效果。

（17）四色渐变：可以应用于纯黑视频来创建一个四色渐变，或者应用于图像来创建有趣的混合效果。图 6-35 所示为使用"四色渐变"视频效果前、后对比。

图 6-35　使用"四色渐变"视频效果前、后对比

（18）描边：可以对图像中的蒙版轮廓进行描边。

（19）无线电波：用于为图像模拟辐射波效果。

（20）梯度渐变：可以在图像中创建两种颜色的渐变。

（21）棋盘：可以在黑场视频或彩色蒙版上创建一个棋盘背景，也可以作为蒙版使用。

（22）油漆桶：可以为图像着色或者对图像的某个区域应用纯色。

（23）涂写：可以在图像上涂写蒙版。

（24）音频波形：用于显示音频层的波形。

（25）音频频道：用于显示音频层的频谱。

（26）高级闪电：用于在图像上模拟闪电效果。

知识点8　时间

"时间"视频效果组主要用于调整视频素材中的帧。该视频效果组包含"色调分离时间""时间扭曲""时间置换"和"残影"等视频效果，如图6-36所示。

图6-36　"时间"视频效果组

下面介绍"时间"视频效果组中各常用视频效果的含义。

（1）CC Force Motion Blur（CC强制动态模糊）：可以使图像产生运动模糊的混合图层中间帧。

（2）CC Wide Time（CC时间工具）：用于设置视频画面前后方的重复数量。

（3）色调分离时间：用于设置素材的帧速率。

（4）像素运动模糊：可以基于像素运动引入运动模糊。

（5）时差：用于计算两个图层之间的像素差值。

（6）时间扭曲：可以通过运动估计重新定义快慢运动和运动模糊。

（7）时间置换：用于相互置换其他图层和当前图层像素的时间。

（8）残影：可以创建视觉重影，并将选定素材的帧进行多次重复，这仅在显示运动的素材中有效。

知识点9　透视

"透视"视频效果组可以将深度添加到图像中，创建阴影或把图像截成斜角边。该视频效果组包含"3D眼镜""径向阴影"和"投影"等视频效果，如图6-37所示。

下面介绍"透视"视频效果组中各常用视频效果的含义。

（1）3D眼镜：用于制作3D电影效果，并可以将左、右两个图层合为一个3D立体视图。

（2）3D摄像机跟踪器：用于在视频中提取3D场景数据。

（3）CC Cylinder（CC 圆柱体）：可以让素材画面呈现圆柱体的三维立体效果。

（4）CC Environment（CC 环境）：用于将环境映射到相机视图上。

（5）CC Sphere（CC 球体）：可以让素材画面呈现球体的三维立体效果。

（6）CC Spotlight（CC 聚光灯）：可以在素材画面上模拟出聚光灯效果。

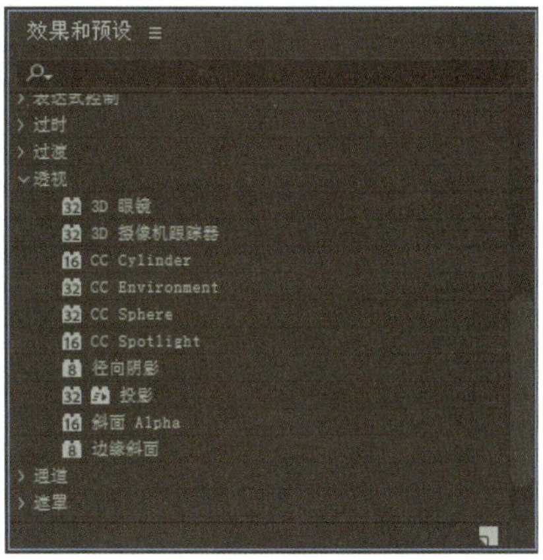

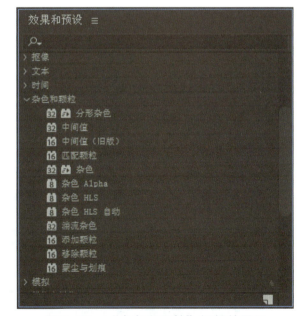

图 6-37　"透视"视频效果组

（7）径向阴影：可以在素材画面上添加一个阴影效果。

（8）投影：可以将阴影添加到素材中，其中使用素材的 Alpha 通道来确定图像边缘。

（9）斜面 Alpha：可以通过倾斜图像的 Alpha 通道，使二维图像看起来具有立体感。

（10）边缘斜面：可以倾斜图像，并为其添加照明，使素材呈现三维效果。

知识点10　杂色和颗粒

"杂色和颗粒"视频效果组主要用于在视频画面中添加杂波或颗粒效果。该视频效果组包含"中间值""匹配颗粒""杂色""杂色 Alpha"和"蒙尘与划痕"等视频效果，如图 6-38 所示。

下面介绍"杂色和颗粒"视频效果组中各常用视频效果的含义。

（1）分形杂色：用于模拟云、雾、火等自然效果。

（2）中间值：可以减少画面中的杂波。

（3）匹配颗粒：用于匹配两个图像之间的杂色颗粒。

（4）杂色：用于为素材添加杂色效果。

（5）杂色 Alpha：可以用受影响素材的 Alpha 通道创建杂波。

图 6-38　"杂色和颗粒"视频效果组

（6）杂色 HLS：可以为图像添加杂质效果。

（7）杂色 HLS 自动：可以用色相、亮度和饱和度创建杂波，也可以创建杂波动画。

（8）湍流杂色：可以为素材添加基于湍流的图案。

（9）添加颗粒：可以为素材添加胶片颗粒。

（10）移除颗粒：可以移除素材中的胶片颗粒。

（11）蒙尘与划痕：可以对不相似的画面像素进行修改并创建杂波。

1. 解析设计思路与设计方案

本项目要求制作美食宣传动画。该动画选择色彩鲜艳的粉色作为美食旋转动画的底色，搭配美味的冰淇淋图像和文字，让画面内容更加丰富，最后搭配各种视频效果，让整个动画更加美观。

本项目的最终效果如图6-39所示，具体步骤如下。

（1）添加"四色渐变"视频效果。

（2）添加"高斯模糊"和"锐化"视频效果。

（3）添加"VR发光"视频效果。

（4）添加"色相/饱和度"视频效果。

（5）添加图层样式与合成文字。

2. 添加"四色渐变"视频效果

（1）执行"文件"|"新建"|"新建项目"命令，新建一个项目。

（2）执行"合成"|"新建合成"命令，打开"合成设置"对话框，修改"合成名称"为"背景"，"宽

图6-39　美食宣传动画

度"为"3 543 px"，"高度"为"4 132 px"，"像素长宽比"为"方形像素"，"帧速率"为"25"，"背景颜色"为"白色#FFFFFF"（RGB均为255），单击"确定"按钮，如图6-40所示。

（3）新建一个合成文件，并在"项目"面板中显示，如图6-41所示。

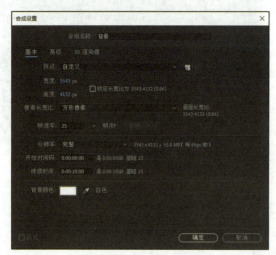

图6-40　修改参数值

图6-41　新建合成文件

（4）在"项目"面板的空白处双击，打开"导入文件"对话框，在对应的文件夹中选择需要导入的图像文件，单击"导入"按钮，如图6-42所示。

（5）将选择的图像文件全部导入"项目"面板，如图 6-43 所示。

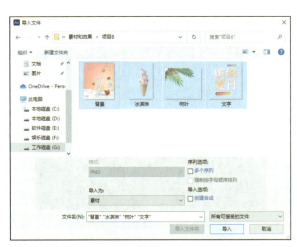

图 6-42　选择需要导入的图像文件

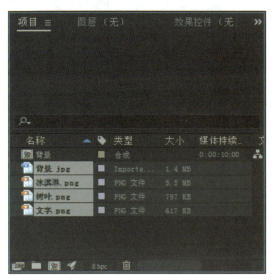

图 6-43　导入图像文件

（6）在"项目"面板中，选择"背景"图像文件，按住鼠标左键并拖拽，将其添加至"时间轴"面板中，如图 6-44 所示。

（7）在"合成"面板中，预览"背景"图像效果，如图 6-45 所示。

图 6-44　拖拽图像文件

图 6-45　预览"背景"图像效果

（8）在"效果和预设"面板中，展开"生成"列表，选择"四色渐变"视频效果，如图 6-46 所示。

（9）按住鼠标左键并拖拽，将其添加至"时间轴"面板的"背景"图层上，在"效果控件"面板中，修改"颜色 1"为"#D1ABC6"（RGB 分别为 209，171 和 198），"颜色 2"为"#D65C53"（RGB 分别为 214，92，83），"颜色 3"为"#F9F9F9"（RGB 均为 249），"颜色 4"为"#EFEFEF"（RGB 均为 239），"混合模式"为"柔光"，如图 6-47 所示。

图 6-46　选择"四色渐变"视频效果

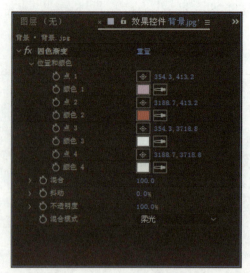

图 6-47　修改参数值

（10）应用"四色渐变"视频效果，并在"合成"面板中预览应用该视频效果前、后对比，如图 6-48 所示。

3. 添加"高斯模糊"和"锐化"视频效果

（1）在"效果和预设"面板中，展开"模糊和锐化"列表，选择"高斯模糊"视频效果，如图 6-49 所示。

图 6-48　预览应用视频效果前、后对比

（2）按住鼠标左键并拖拽，将其添加至"时间轴"面板的"背景"图层上，在"时间轴"面板中，依次展开"背景"|"效果"|"高斯模糊"选项，修改"模糊度"为"16.3"，如图 6-50 所示。

图 6-49　选择"高斯模糊"视频效果

图 6-50　修改参数值

（3）为"背景"图层应用"高斯模糊"视频效果，并在"合成"面板中预览图像效果，如图 6-51 所示。

（4）在"项目"面板中，选择"冰淇淋"图像文件，按住鼠标左键并拖拽，将其添加至"时间轴"面板中，如图 6-52 所示。

图 6-51 预览图像效果

图 6-52 拖拽图像文件

（5）在"效果和预设"面板中展开"模糊和锐化"列表，选择"锐化"视频效果，如图 6-53 所示。

（6）按住鼠标左键并拖拽，将其添加至"时间轴"面板的"冰淇淋"图层上，在"时间轴"面板中依次展开"冰淇淋"|"效果"|"锐化"选项，修改"锐化量"为"40"，如图 6-54 所示。

图 6-53 选择"锐化"视频效果

图 6-54 修改参数值

（7）展开"冰淇淋"|"变换"选项，修改"位置"为"2 076"和"2 218"，"缩放"为"72"，如图 6-55 所示。

（8）更改图像的位置、大小和特效，并预览调整后的图像效果，如图 6-56 所示。

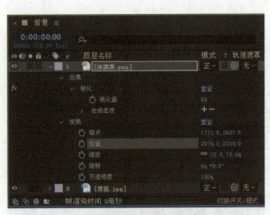

图 6-55　修改参数值

图 6-56　预览图像效果

4. 添加"VR 发光"视频效果

（1）在"效果和预设"面板中展开"沉浸式视频"列表，选择"VR 发光"视频效果，如图 6-57 所示。

（2）按住鼠标左键并拖拽，将其添加至"时间轴"面板的"冰淇淋"图层上，在"时间轴"面板中依次展开"冰淇淋" |"效果" |"VR 发光"选项，修改"水平视角"为"255"，"垂直视角"为"143"，"亮度阈值"为"0.95"，如图 6-58 所示。

（3）为"冰淇淋"图层添加"VR 发光"视频效果，并在"合成"面板中预览图像效果，如图 6-59 所示。

图 6-57　选择"VR 发光"视频效果

图 6-58　修改参数值

图 6-59　预览图像效果

5. 添加"色相/饱和度"视频效果

（1）在"项目"面板中选择"树叶"图像文件，将其拖拽至"时间轴"面板中，如图 6-60 所示。

（2）在"时间轴"面板中依次展开"树叶" |"变换"选项，修改"位置"为"664"和"518"，如图 6-61 所示。

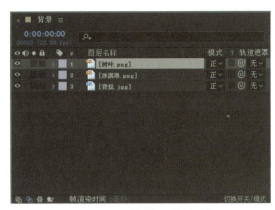

图 6-60　拖拽图像文件

图 6-61　修改参数值

（3）移动图像的位置，并在"合成"面板中预览图像效果，如图 6-62 所示。

（4）在"效果和预设"面板中，展开"颜色校正"列表，选择"色相/饱和度"视频效果，如图 6-63 所示。

图 6-62　预览图像效果

图 6-63　选择"色相/饱和度"视频效果

（5）按住鼠标左键并拖拽，将其添加至"时间轴"面板的"树叶"图层上，在"效果控件"面板中，在"通道控制"列表中选择"主"选项，修改"主饱和度"为"34"，"主亮度"为"17"，如图 6-64 所示。

（6）在"效果控件"面板中，在"通道控制"列表中选择"绿色"选项，修改"绿色色相"为"25°"，"绿色饱和度"为"27"，"绿色亮度"为"14"，如图 6-65 所示。

（7）为"树叶"图层添加"色相/饱和度"视频效果，并在"合成"面板中预览图像效果，如图 6-66 所示。

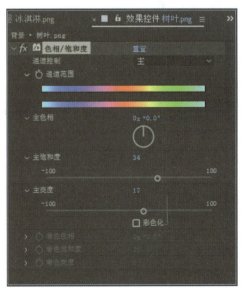

图 6-64　修改参数值

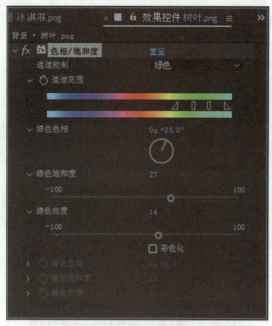

图 6-65 修改参数值

图 6-66 预览图像效果

6. 添加图层样式和合成效果

（1）在"时间轴"面板中选择"树叶"图层，单击鼠标右键，在弹出的快捷菜单中选择"图层样式"|"投影"命令，如图 6-67 所示。

（2）添加"投影"图层样式，在"时间轴"面板中依次展开"树叶"|"图层样式"|"投影"选项，修改"不透明度"为"65%"，"距离"为"19"，"扩展"为"28"，"杂色"为"30%"，如图 6-68 所示。

图 6-67 选择"图层样式"|"投影"命令

图 6-68 修改参数值

（3）修改图层样式，并在"合成"面板中预览图像效果，如图 6-69 所示。

（4）在"项目"面板中选择"文字"图像文件，将其拖拽至"时间轴"面板中，如图 6-70 所示。

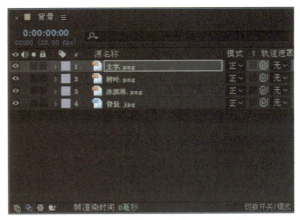

图 6-69 预览图像效果　　　　　　　图 6-70 拖拽"文字"图像文件

（5）在"合成"面板中移动图像的位置，得到最终效果，如图 6-39 所示。

制作发光文字动画

制作发光文字动画（图 6-71），采用蓝色系颜色作为主色，然后添加文字和舞蹈人物等点缀动画，使整个文字动画效果更加醒目（素材 / 项目 6/ "背景 1.jpg" "舞蹈 .png"等、效果 / 项目 6/ "课后练习 .aep"）。

图 6-71 发光文字动画

视频效果添加方法

After Effects 2023 中的视频效果是可以应用于视频素材和其他素材图层的效果，通过添加视频效果并设置参数可以制作出很多绚丽的特殊效果，如发光、梦幻、卡通等。在 After Effects 2023 中，为素材添加视频效果的方法有 3 种，下面分别进行介绍。

1. 通过菜单栏添加

在"时间轴"面板中选中需要使用视频效果的图层，然后在菜单栏中执行"效果"命令，在展开的菜单中选择需要的视频效果即可，如图 6-72 所示。

2. 通过快捷菜单添加

在"时间轴"面板中选中需要使用视频效果的图层，然后单击鼠标右键，在弹出的快捷菜单中选择"效果"命令，在展开的子菜单中选择需要的视频效果即可，如图 6-73 所示。

3. 通过"效果和预设"面板添加

在"效果和预设"面板中直接搜索所需的视频效果，或者在对应的视频效果列表中选择所需的视频效果，如图 6-74 所示，再按住鼠标左键并拖拽，将其添加至所需图层上即可。

图 6-72　"效果"菜单

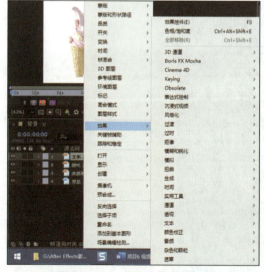

图 6-73　"效果"子菜单

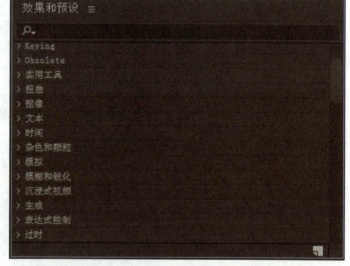

图 6-74　"效果和预设"面板

项目 7

过渡和调色效果——制作科技宣传片

过渡和调色效果是 After Effects 2023 核心元素之一，使用过渡效果可以制作出柔和唯美、可爱的转场效果，从而让图像之间的过渡转场更加丰富多彩；使用调色效果，可以制作出各种优美清新的图像效果。本项目详细讲解 After Effects 2023 中过渡和调色效果的应用方法，通过本项目的学习，读者可以快速掌握各种过渡和调色效果的应用方法，从而制作出画面动人的视频作品。

学习目标

【知识目标】

- 了解过渡效果的作用和分类。
- 掌握调色效果的应用方法。

【能力目标】

- 熟悉过渡效果的应用思路和过程，能够根据视频需求制作相关效果。
- 掌握调色效果的应用方法和技巧，能够运用调色效果快速地对各种颜色的视频进行调色。

【素养目标】

- 培养过渡效果的编辑能力，能够独立编辑出不同的视频过渡效果。
- 培养对调色效果的设置能力，能够运用调色效果调色出不同的大片作品。

项目拆解

（1）添加各种擦除类过渡效果。
（2）校正各种图像效果。

>>> 知识准备

知识点1　擦除类过渡效果

在 After Effects 2023 中，"过渡"列表中的擦除类过渡效果包括"渐变擦除""卡片擦除""光圈擦除""块溶解""百叶窗""径向擦除"和"线性擦除"，如图7-1所示。

下面介绍各种擦除类过渡效果的含义。

1. 渐变擦除

使用"渐变擦除"过渡效果可以利用图片的明亮度创建擦除效果，使其逐渐过渡到另一个素材上。图7-2所示为使用"渐变擦除"过渡效果后的图像效果。

图7-1　"过渡"列表

图7-2　使用"渐变擦除"过渡效果后的图像效果

在添加了"渐变擦除"过渡效果后，可以在"效果控件"面板的"渐变擦除"选项区中修改各参数值，如图7-3所示。

"渐变擦除"选项区中各选项的含义如下。

（1）过渡完成：用于设置过渡效果完成的百分比。

（2）过渡柔和度：用于设置过渡效果边缘的柔和程度。

（3）渐变图层：用于设置渐变的图层。

（4）渐变位置：用于设置渐变的放置方式。

（5）反转渐变：勾选该复选框，可以反转当前渐变过渡效果。

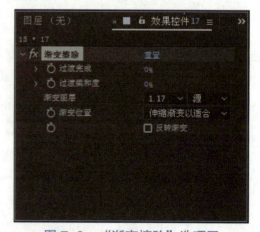

图7-3　"渐变擦除"选项区

2. 卡片擦除

使用"卡片擦除"过渡效果可以模拟卡片的翻转并通过擦除切换到另一个画面。

在添加"卡片擦除"过渡效果后，可以在"效果控件"面板的"卡片擦除"选项区中修改各参数值，如图7-4所示。

图7-4 "卡片擦除"选项区

"卡片擦除"选项区中各常用选项的含义如下。

（1）过渡宽度：控制卡片擦除宽度。

（2）行数和列数：在"独立"方式下，"行数"和"列数"参数是相互独立的；在"列数受行数限制"方式下，"列数"参数由"行数"参数控制。

（3）行/列数：设置卡片行/列的值。

（4）卡片缩放：控制卡片的尺寸大小。

（5）翻转轴：在下拉列表中设置卡片翻转的坐标轴向。

（6）翻转方向：在下拉列表中设置卡片翻转的方向。

（7）翻转顺序：设置卡片翻转的顺序。

（8）渐变图层：设置一个渐变图层来影响卡片切换效果。

（9）随机时间：对卡片进行随机定时设置，使所有卡片的翻转时间产生一定偏差，而不是同时翻转。

（10）随机植入：设置卡片随机切换，不同的随机值将产生不同的效果。

（11）摄像机系统：控制用于滤镜的摄像机系统。

（12）位置抖动：对卡片的位置进行抖动设置，使卡片产生颤动的效果。

（13）旋转抖动：对卡片的旋转进行抖动设置。

图7-5所示为使用"卡片擦除"过渡效果后的图像效果。

图7-5 使用"卡片擦除"过渡效果后的图像效果

3. 光圈擦除

使用"光圈擦除"过渡效果可以执行圆形擦除动作，从而过渡到下一个素材画面。图7-6

所示为使用"光圈擦除"过渡效果后的图像效果。

图 7-6　使用"光圈擦除"过渡效果后的图像效果

4. 块溶解

使用"块溶解"过渡效果可以以随机块消失的方式，逐渐过渡到下一个素材画面。图 7-7 所示为使用"块溶解"过渡效果后的图像效果。

图 7-7　使用"块溶解"过渡效果后的图像效果

5. 百叶窗

使用"百叶窗"过渡效果可以指定定向条纹擦除，从而逐渐过渡到下一个素材画面。

6. 径向擦除

使用"径向擦除"过渡效果可以通过修改 Alpha 通道执行径向擦除动作，从而逐渐过渡到下一个素材画面。

在添加了"径向擦除"过渡效果后，可以在"效果控件"面板的"径向擦除"选项区中修改各参数值，如图 7-8 所示。

"径向擦除"选项区中各选项的含义如下。

（1）起始角度：设置径向擦除的开始角度。

（2）擦除中心：设置径向擦除的中心点。

（3）擦除：设置擦除方式，该列表包含"顺时针""逆时针"和"两者兼有"3 种擦除方式。

（4）羽化：设置边缘羽化程度。

7. 线性擦除

图 7-8　"径向擦除"选项区

使用"线性擦除"过渡效果可以以线性的方式从某个方向形成擦除效果，以达到切换转场的目的。

知识点2 CC类过渡效果

"过渡"列表中的 CC 类过渡效果包括"CC Glass Wipe""CC Grid Wipe""CC Image Wipe""CC Jaws""CC Light Wipe""CC Line Sweep""CC Radial ScaleWipe""CC Scale Wipe""CC Twister"和"CC WarpoMatic"。下面对 CC 类过渡效果进行详细介绍。

（1）CC Glass Wipe（CC 玻璃擦除）：可以融化当前图层，过渡显示下一个素材。图 7-9 所示为使用"CC Glass Wipe"过渡效果后的图像效果。

图 7-9 使用"CC Glass Wipe"过渡效果后的图像效果

（2）CC Grid Wipe（CC 网格擦除）：可以模拟网格图形进行擦除，过渡显示下一个素材。图 7-10 所示为使用"CC Grid Wipe"过渡效果后的图像效果。

图 7-10 使用"CC Grid Wipe"过渡效果后的图像效果

（3）CC Light Wipe（CC 图像擦除）：可以擦除当前图层的一部分进行画面过渡显示。

（4）CC Jaws（CC 锯齿）：可以模拟锯齿形状进行擦除，过渡显示下一个素材。图 7-11 所示为使用"CC Jaws"过渡效果后的图像效果。

图 7-11 使用"CC Jaws"过渡效果后的图像效果

（5）CC Light Wipe（CC 光线擦除）：可以模拟光线擦除效果，并通过正圆形状逐渐过渡显示下一个素材。图 7-12 所示为使用"CC Light Wipe"过渡效果后的图像效果。

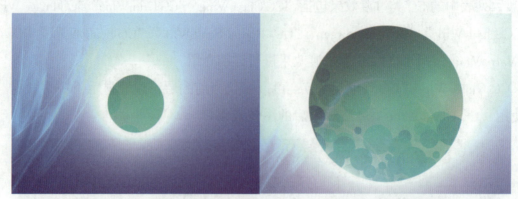

图 7-12　使用"CC Light Wipe"过渡效果后的图像效果

（6）CC Line Sweep（CC 行扫描）：可以对图像进行逐行扫描擦除，从而进行画面的切换过渡。

（7）CC Radial ScaleWipe（CC 径向缩放擦除）：可以模拟径向弯曲的擦除方式，从而进行画面的切换过渡。

（8）CC Scale Wipe（CC 缩放擦除）：可以通过指定中心点进行拉伸擦除，从而进行画面的切换过渡。

（9）CC Twister（CC 扭曲）：可以以扭曲方式擦除，从而进行画面的切换过渡。

（10）CC WarpoMatic（CC 变形过渡）：可以使图像产生弯曲变形，逐渐变为透明，从而进行画面的切换过渡。

知识点3　通道类调色效果

"通道"视频效果组可以对图像的通道进行控制、混合、移除和转换操作。该视频效果组包含"最小/最大""复合运算""反转""固态层合成"和"算术"等视频效果，如图 7-13 所示。

下面介绍"通道"视频效果组中各常用视频效果的含义。

（1）最小/最大：可以为像素的每个通道都指定该通道内的最小或最大像素。图 7-14 所示为使用"最小/最大"视频效果前、后对比。

图 7-13　"通道"视频效果组

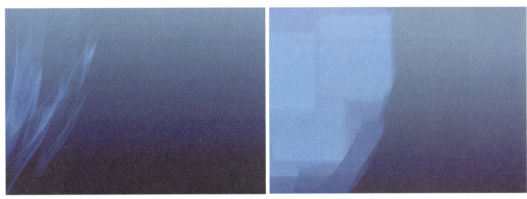

图 7-14　使用"最小 / 最大"视频效果前、后对比

（2）复合运算：可以通过数学运算使用图层创建组合效果。

（3）通道混合器：可以提取、调整和显示图层的通道值。

（4）CC Composits（CC 合成）：可以与原图层混合形成复合图层效果。

（5）转换通道：可以将 Alpha 通道、绿色通道、红色通道和蓝色通道替换为其他通道。

（6）反转：可以反转视频画面的颜色。图 7-15 所示为使用"反转"视频效果前、后对比。

图 7-15　使用"反转"视频效果前、后对比

（7）固态层合成：可以用一种颜色与当前画面进行模式和透明度合成。

（8）混合：可以通过不同模式混合视频轨道。

（9）移除颜色遮罩：可以从带有预设颜色通道的图层移除色晕。

（10）算术：基于算术运算修改素材的红色值、绿色值和蓝色值。

（11）计算：可以通过使用素材通道和各种混合模式将不同轨道上的两个素材结合到一起。

（12）设置通道：可以将当前图层通道设置为其他图层通道。

（13）设置遮罩：可以组合两个素材，从而创建移动蒙版效果。

知识点4　颜色校正类调色效果

"颜色校正"视频效果组可以更改画面色调，打造不同的视觉效果。该视频效果组包含"复合模糊""锐化""智能模糊""双向模糊""定向模糊""钝化蒙版"和"高斯模糊"等视频效果，如图7-16所示。

图7-16　"颜色校正"视频效果组

　　下面介绍"颜色校正"视频效果组中各常用视频效果的含义。

　　（1）三色调：用于调整高光、中间调和阴影的颜色。图7-17所示为使用"三色调"视频效果前、后对比。

图7-17　使用"三色调"视频效果前、后对比

　　（2）通道混合器：可以通过混合当前的颜色通道来修改颜色通道。

　　（3）阴影／高光：用于将较暗区域调亮，将高光区域调暗。

　　（4）CC Color Netutralizer（CC色彩中和）：用于中和校正视频画面的颜色。

　　（5）CC Color Offset（CC色彩偏移）：用于调整视频画面中的红、绿、蓝3个通道。

　　（6）CC Kernel（CC内核）：用于制作一个3×3卷积内核。

　　（7）CC Toner（CC碳粉）：用于替换色彩的高光、中间调和阴影色调。

　　（8）照片滤镜：可以对Photoshop照片进行滤镜调整，使其产生某种颜色的偏色效果。图7-18所示为使用"照片滤镜"视频效果前、后对比。

图 7-18 使用"照片滤镜"视频效果前、后对比

（9）Lumetri 颜色：可以通过全新方式按序列调整颜色、对比度和光照。图 7-19 所示为使用"Lumetri 颜色"视频效果前、后对比。

图 7-19 使用"Lumetri 颜色"视频效果前、后对比

（10）PS 任意映射：可以使用曲线效果调整视频画面的颜色。

（11）灰度系数 / 基值 / 增益：用于单独调整每个通道的收缩、系数、基值和增益参数。

（12）色调：用于调整画面中两种颜色的变化效果。

（13）色调均化：可改变图像的像素值，以产生更一致的亮度或颜色分量分布。图 7-20 所示为使用"色调均化"视频效果前、后对比。

图 7-20 使用"色调均化"视频效果前、后对比

（14）色阶：可以调整画面中的黑色、白色、灰色的明度色阶数值来改变颜色。

（15）色阶（单独控件）：该视频效果与"色阶"视频效果类似，但是该视频效果可以为每个通道调整单独的颜色。

（16）色光：可以为图像巧妙地着色，也可以彻底更改其调色板。

（17）色相 / 饱和度：可以调整图像单个颜色分量的色相、饱和度和亮度。图 7-21 所示为使用"色相 / 饱和度"视频效果前、后对比。

图 7-21   使用"色相 / 饱和度"视频效果前、后对比

（18）广播颜色：可以改变像素颜色值，以保留用于广播电视的范围中的信号振幅。

（19）亮度和对比度：可以调整整个图层（不是单个通道）的亮度和对比度。图 7-22 所示为使用"亮度和对比度"视频效果前、后对比。

图 7-22   使用"亮度和对比度"视频效果前、后对比

（20）保留颜色：可以降低图层上所有颜色的饱和度。

（21）可选颜色：用于在图像中的每个主要颜色分量中更改印刷色的数量。

（22）曝光度：可以对素材进行色调调整，一次可以调整一个通道，也可以调整所有通道。

（23）曲线：可以调整图像的色调范围和色调响应曲线。

（24）更改为颜色：用于将在图像中选择的颜色更改为使用色相、亮度和饱和度（HLS）值的其他颜色，同时使其他颜色不受影响。

（25）更改颜色：可以调整各种颜色的色相、亮度和饱和度。

（26）自然饱和度：可以调整饱和度，以便在颜色接近最高饱和度时最大限度地减少修剪。图 7-23 所示为使用"自然饱和度"视频效果前、后对比。

图 7-23　使用"自然饱和度"视频效果前、后对比

（27）自动色阶：可以将图像各颜色通道中最亮和最暗的值映射为白色和黑色，然后重新分配中间的值。

（28）自动对比度：可以调整整体对比度颜色混合效果。

（29）自动颜色：可以调整图像的对比度和颜色。

（30）视频限幅器：可以在项目工作空间中将视频信号剪辑到合法范围内。

（31）颜色稳定器：可以稳定素材图像的亮度、色阶和曲线。

（32）颜色平衡：可以更改图像的阴影、中间调和高光中的红色、绿色和蓝色数量。图7-24 所示为使用"颜色平衡"视频效果前、后对比。

图 7-24　使用"颜色平衡"视频效果前、后对比

（33）颜色平衡（HLS）：可以调整色相、亮度和饱和度通道的数值，从而改变颜色。

（34）颜色链接：可以使用一个图层的平均像素值为另一个图层着色。

（35）黑色和白色：可以将彩色图像转换为灰度图像，以便控制单独颜色的转换。

◀◀◀ XIANGMU SHISHI
▶▶▶ 项目实施

1. 解析设计思路与设计方案

本项目要求制作科技宣传片。该宣传片以蓝色系作为主色调，搭配光线和数字等效果，并添加各种擦除类过渡效果和颜色校正类调色效果，从而增加科技感。

本项目的最终效果如图 7-25 所示，具体步骤如下。

（1）添加擦除类过渡效果。

（2）添加颜色校正类调色效果。

（3）合成图像并设置图层样式。

图7-25　科技宣传片

2. 添加擦除类过渡效果

（1）执行"文件"|"新建"|"新建项目"命令，新建一个项目。

（2）执行"合成"|"新建合成"命令，打开"合成设置"对话框，修改"合成名称"为"建筑"，"宽度"为"1 920 px"，"高度"为"1 080 px"，"像素长宽比"为"方形像素"，"帧速率"为"30"，"背景颜色"为"白色 #FFFFFF"（RGB 均为 255），单击"确定"按钮，如图 7-26 所示。

（3）新建一个合成文件，并在"项目"面板中显示，如图 7-27 所示。

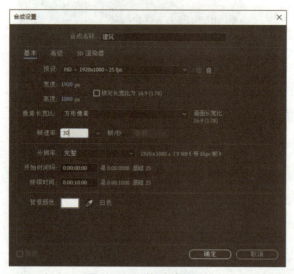

图7-26　修改参数值

图7-27　新建合成文件

（4）在"项目"面板的空白处双击，打开"导入文件"对话框，在对应的文件夹中选择需要导入的图像和视频文件，单击"导入"按钮，如图 7-28 所示。

（5）将选择的图像和视频文件全部导入"项目"面板，如图 7-29 所示。

图 7-28 选择需要导入的图像和视频文件　　　　图 7-29 导入图像和视频文件

（6）在"项目"面板中选择"建筑 1"视频文件，按住鼠标左键并拖拽，将其添加至"时间轴"面板中，如图 7-30 所示。

（7）在"时间轴"面板中，展开"建筑 1"|"变换"选项，修改"缩放"为"102"，如图 7-31 所示。

图 7-30 拖拽"建筑 1"视频文件　　　　　　图 7-31 修改参数值

（8）修改图像的显示大小，并在"合成"面板中预览图像效果，如图 7-32 所示。

（9）在"项目"面板中，选择"建筑 2"图像文件，按住鼠标左键并拖拽，将其添加至"时间轴"面板中，如图 7-33 所示。

图 7-32 修改图像的显示大小　　　　　　　图 7-33 拖拽"建筑 2"图像文件

（10）在"效果和预设"面板中展开"过渡"列表，选择"渐变擦除"过渡效果，如图7-34所示。

（11）在选择的过渡效果上按住鼠标左键并拖拽，将其添加至"建筑2"图层上，在"时间轴"面板中依次展开"建筑2"|"效果"|"渐变擦除"选项，修改"过渡完成"为"100%"，单击"时间变化秒表"按钮 ，添加一个关键帧，如图7-35所示。

图7-34　选择"渐变擦除"过渡效果

图7-35　添加关键帧

（12）使用同样的方法，依次在1秒2帧和1秒11帧的位置，修改"过渡完成"为"100%"和"0"，添加两个关键帧，如图7-36所示。

（13）添加"线性擦除"过渡效果，然后在"合成"面板中预览"线性擦除"过渡效果，如图7-37所示。

图7-36　添加关键帧

图7-37　预览"线性擦除"过渡效果

（14）在"项目"面板中，选择"建筑3"图像文件，按住鼠标左键并拖拽，将其添加至"时间轴"面板中，为"建筑3"图层添加"卡片擦除"过渡效果，然后依次在1秒21帧、2秒25帧和3秒4帧的位置，修改"过渡完成"分别为"100%""100%"和"0"，添加多个关键帧，如图7-38所示。

（15）在"项目"面板中，选择"建筑4"图像文件，按住鼠标左键并拖拽，将其添加至"时间轴"面板中，为"建筑4"图层添加"径向擦除"过渡效果，然后依次在4秒7帧、5秒17帧和5秒24帧的位置，修改"过渡完成"分别为"100%""100%"和"0"，添加多个关键帧，如图7-39所示。

图 7-38　添加"卡片擦除"过渡效果

图 7-39　添加"径向擦除"过渡效果

（16）在"项目"面板中，选择"建筑5"图像文件，按住鼠标左键并拖拽，将其添加至"时间轴"面板中，为"建筑5"图层添加"线性擦除"过渡效果，然后依次在6秒6帧、6秒28帧和7秒5帧的位置，修改"过渡完成"分别为"100%""100%"和"0"，添加多个关键帧，如图7-40所示。

图 7-40　添加"线性擦除"过渡效果

3. 添加颜色校正类调色效果

（1）在"效果和预设"面板中，展开"颜色校正"列表，选择"三色调"视频效果，如图7-41所示。

（2）按住鼠标左键并拖拽，将其添加至"时间轴"面板的"建筑1"图层上，在"时间轴"面板中，依次展开"建筑1"|"效果"|"三色调"选项，修改"高光"为"#F7A0A0"（RGB分别为247，160，160），"中间调"为"#6D471D"（RGB分别为109，71，29），"阴影"为"#000000"（RGB均为0），"与原始图像混合"为"81%"，如图7-42所示，完成"三色调"视频效果的添加与编辑。

图 7-41　选择"三色调"视频效果

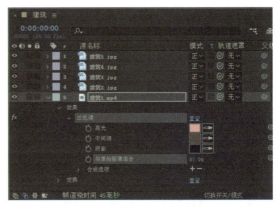

图 7-42　修改参数值

（3）在"效果和预设"面板中，展开"颜色校正"列表，选择"色相/饱和度"视频效果，按住鼠标左键并拖拽，将其添加至"时间轴"面板的"建筑2"图层上，在"效果控件"

面板的"色相/饱和度"选项区中，修改"通道控制"为"主"，"主饱和度"为"34"，"主亮度"为"-6"，修改"通道控制"为"蓝色"，"蓝色饱和度"为"38"，如图7-43所示，完成"色相/饱和度"视频效果的添加与编辑。

（4）在"效果和预设"面板中，展开"颜色校正"列表，选择"自然饱和度"视频效果，按住鼠标左键并拖拽，将其添加至"时间轴"面板的"建筑3"图层上，在"效果控件"面板的"自然饱和度"选项区中，修改"自然饱和度"为"100"，"饱和度"为"12"，如图7-44所示，完成"自然饱和度"视频效果的添加与编辑。

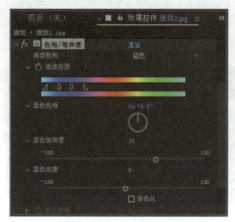
图7-43　修改参数值

图7-44　修改参数值

（5）在"效果和预设"面板中，展开"颜色校正"列表，选择"自动色阶"视频效果，按住鼠标左键并拖拽，将其添加至"时间轴"面板的"建筑3"图层上，在"效果控件"面板的"自动色阶"选项区中，修改"瞬时平滑（秒）"为"8.5"，"修剪白色"为"3.2"，如图7-45所示，完成"自动色阶"视频效果的添加与编辑。

（6）在"效果和预设"面板中，展开"颜色校正"列表，选择"颜色平衡"视频效果，按住鼠标左键并拖拽，将其添加至"时间轴"面板的"建筑4"图层上，在"效果控件"面板的"颜色平衡"选项区中，修改"阴影红色平衡"为"28"，"阴影绿色平衡"为"28"，"阴影蓝色平衡"为"29"，"中间调蓝色平衡"为"30"，如图7-46所示，完成"颜色平衡"视频效果的添加与编辑。

图7-45　修改参数值

图7-46　修改参数值

（7）在"效果和预设"面板中，展开"颜色校正"列表，选择"照片滤镜"视频效果，按住鼠标左键并拖拽，将其添加至"时间轴"面板的"建筑5"图层上，在"效果控件"面板的"照片滤镜"选项区中，修改"滤镜"为"蓝"，"密度"为"72"，如图7-47所示，完成"照片滤镜"视频效果的添加与编辑。

4. 合成图像并设置图层样式

图 7-47 修改参数值

（1）在"项目"面板中，选择"装饰1"视频素材，将其拖拽至"时间轴"面板中，并修改其"缩放"为"154%"，如图7-48所示。

（2）选择"装饰1"图层，修改其图层样式为"屏幕"，在"合成"面板中预览图像效果，如图7-49所示。

图 7-48 修改参数值

图 7-49 修改图层样式并预览图像效果

（3）在"项目"面板中，选择"光线1"视频素材，将其拖拽至"时间轴"面板中，并修改其"缩放"为"154%"，如图7-50所示。

（4）选择"光线1"图层，修改其图层样式为"柔光"，在"合成"面板中预览图像效果，如图7-51所示。至此，整个项目制作完成。

图 7-50 拖拽图像素材

图 7-51 修改图层样式并预览图像效果

课后练习　制作晴朗风光效果

制作晴朗风光效果（图7-52），该效果使用一张风景照片作为主图，然后添加"曲线""阴影/高光""亮度和对比度"视频效果，让风景照片中的色彩更加浓郁美观（素材/

项目7/"风景.jpg"、效果/项目7/"课后练习.aep"）。

图 7-52　晴朗风光效果

 视频调色方法

调色不仅可以为视频画面赋予一定的艺术美感，还可以为视频作品注入情感。视频调色方法有以下3种。

1.调整画面对比度

在很多时候，由于拍摄环境的限制，光照的对比太强烈，导致拍摄出的视频曝光过度。此时可以通过后期视频处理，对视频中的某个场景或人物进行调色或替换等操作。若视频画面太灰暗，饱和度较低，则可以通过调色功能中的曲线工具，让画面暗的部分更暗，亮的部分更亮，让整个画面的亮度分布在更多层次跨度上，这样就可以在不丢失细节的情况下提高画面的整体对比度。

2.进行颜色平衡校色

当摄像机在拍摄时颜色平衡色温设置不正确，则视频画面将偏蓝或者偏红。这就需要进行后期校色。在 After Effects 2023 中校色很简单，使用颜色平衡的调色效果，就可以快速完成颜色平衡校色。

3.营造艺术效果

视频调色技术大大扩展了影视后期制作人员的想象力和创造力，例如，进行去色或者单色处理，从而营造回忆或者梦幻的效果；替换视频画面中花朵的颜色或人物衣服的颜色，营造色彩差异效果；为了表达某种情绪，将视频画面调成某种偏色效果等。

项目 8

抠像与合成——制作 AI 智能屏幕动画

抠像与合成是影视制作中较为常用的技术手段之一，能够使视频画面具有丰富的层次感和设计感，还能够完成虚拟场景的制作。本项目详细讲解 After Effects 2023 中抠像与合成技术的应用方法，通过本项目的学习，读者可以快速掌握各种抠像和合成效果的制作方法，从而制作出不同的场景效果。

学习目标

【知识目标】
- 了解抠像与合成的含义。
- 掌握各种抠像与合成技术的应用方法。

【能力目标】
- 熟悉抠像技术的应用思路和过程，能够根据视频需求进行抠像。
- 掌握合成技术的应用方法和技巧，能够运用合成技术制作各种场景效果。

【素养目标】
- 培养抠像技术的应用能力，能够独立制作不同的视频抠像效果。
- 培养合成技术的应用能力，能够运用合成技术制作不同的场景效果。

项目拆解

（1）制作合成效果。

（2）对视频素材进行抠像。

知识点1　了解抠像与合成

抠像是指人或物在绿棚或蓝棚中表演，然后在 After Effects 等后期软件中抠除绿色或蓝色背景，更换为合适的背景。

抠像的最终目的是将人物和背景很好地结合在一起，形成两层或多层画面的叠加合成，从而制作出具有丰富层次感和视觉冲击力的合成画面效果。抠像与合成前、后对比如图8-1所示。

图8-1　抠像与合成后的前后对比

知识点2　抠像类视频效果

"抠像"视频效果组中的视频效果可以将蓝色或绿色等纯色的背景图像进行抠除，以便替换为其他背景。

"抠像"列表包含"CC Simple Wire Removal""Key Cleaner""内部/外部键""差值遮罩""颜色范围"和"颜色差值键"等视频效果，如图8-2所示。

下面详细介绍"抠像"视频效果组中各常用视频效果的含义。

1. Advanced Spill Suppressor

使用"Advanced Spill Suppressor（高级溢出抑制器）"视频效果可以去除用于颜色抠像的彩色背景中的前景主题颜色溢出。

在添加"Advanced Spill Suppressor"视频效果后，可以

图8-2　"抠像"列表

在"效果控件"面板的"Advanced Spill Suppressor"选项区中修改各参数值，如图 8-3 所示。

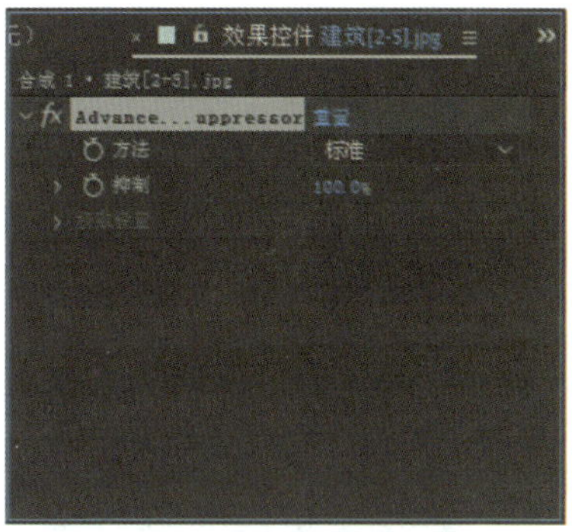

"Advanced Spill Suppressor"选项区中各选项的含义如下。

（1）方法：在该列表中可以选择溢出抑制方法，包括"标准"和"极致"两种。

（2）抑制：用于设置溢出抑制的数值。

2. CC Simple Wire Removal

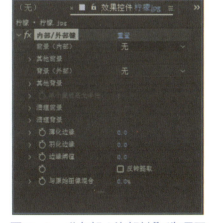

图 8-3　"Advanced Spill Suppressor"选项区

使用"CC Simple Wire Removal（CC 简单线条移除）"视频效果可以在两点之间创建一条指定宽度的连线，然后将连线区域内的像素按指定方式进行填充，从而移除画面中不需要的线条。

3. Key Cleaner

使用"Key Cleaner（抠像清除器）"视频效果可以恢复通过典型抠像效果抠出的场景中的 Alpha 通道细节，包括恢复因压缩伪像而丢失的细节。

4. 内部 / 外部键

使用"内部 / 外部键"视频效果可以在背景中隔离前景对象，并创建蒙版来定义要隔离的对象的边缘内部和外部。在添加了"内部 / 外部键"视频效果后，可以在"效果控件"面板的"内部 / 外部键"选项区中修改各参数值，如图 8-4 所示。

"内部 / 外部"选项区中各常用选项的含义如下。

（1）清理前景：用于沿蒙版提高不透明度。

（2）清理背景：用于沿蒙版降低不透明度。

（3）薄化边缘：用于指定受抠像影响的遮罩的边界数量。

（4）羽化边缘：用于调整柔化抠像区域的边缘。

（5）边缘阈值：用于移除使图像背景产生不需要的杂色的低不透明度像素。

图 8-4　"内部 / 外部键"选项区

（6）反转提取：勾选该复选框，可以反转前景和背景区域。

5. 差值遮罩

使用"差值遮罩"过渡效果可以创建透明度，并比较源图层和差值图层，最后抠出源图层与差值图层中的位置和颜色匹配的像素。图 8-5 所示为使用"差值遮罩"视频效果前、后对比。

6. 提取

使用"提取"视频效果可以根据指定通道的直方图抠出指定亮度范围，一般适用于在黑色或白色背景中创建透明度。在添加"提取"视频效果后，可以在"效果控件"面板的"提取"选项区中修改各参数值，如图 8-6 所示。

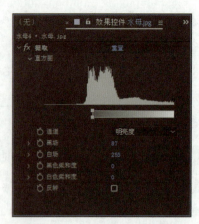

图 8-5　使用"差值遮罩"视频效果前、后对比　　　　图 8-6　"提取"选项区

"提取"选项区中各常用选项的含义如下。

（1）通道：用于指定抠出明亮或黑暗的区域。

（2）黑场／白场：用于调整控制条的长度，以缩小或增大透明度范围。

（3）黑色柔和度／白色柔和度：用于调整柔和度水平。

7. 线性颜色键

使用"线性颜色键"视频效果可以使用 RGB、色相或色度信息来创建指定主色的透明度。图 8-7 所示为使用"线性颜色键"视频效果前、后对比。

图 8-7　使用"线性颜色键"视频效果前、后对比

8. 颜色范围

使用"颜色范围"视频效果可以在 Lab、YUV 或 RGB 颜色空间中抠出指定的颜色范围。图 8-8 所示为使用"颜色范围"视频效果前、后对比。

图 8-8　使用"颜色范围"视频效果前、后对比

9.颜色差值键

使用"颜色差值键"视频效果可以通过将图像分为"遮罩部分 A"和"遮罩部分 B"两个遮罩，在相对的起始点创建透明度。在添加"颜色差值键"视频效果后，可以在"效果控件"面板的"颜色差值键"选项区中修改各参数值，如图 8-9 所示。

"颜色差值键"选项区中各常用选项的含义如下。

（1）吸管工具：用于在图像中单击以吸取需要抠除的颜色。

（2）加吸管：用于增大吸取范围。

（3）减吸管：用于减小吸取范围。

（4）视图：用于设置"合成"面板中的观察效果。

（5）主色：用于设置键控基本颜色。

（6）颜色匹配准确度：用于设置颜色匹配的准确程度。

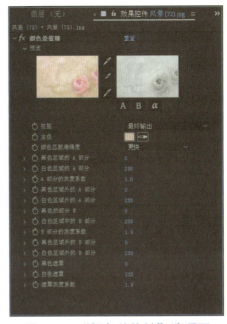

图 8-9　"颜色差值键"选项区

知识点3　KeyLight（1.2）

"KeyLight（1.2）"视频效果可以直接去除纯色背景。在添加"KeyLight（1.2）"视频效果后，可以在"效果控件"面板的"KeyLight（1.2）"选项区中修改各参数值，如图 8-10 所示。

"KeyLight（1.2）"选项区中各常用选项的含义如下。

（1）View（预览）：用于设置抠像的预览方式。

（2）Screen Colour（屏幕颜色）：用于设置需要抠除的背景颜色。

（3）Screen Gain（屏幕增益）：用于扩大或缩小抠像范围。

（4）Screen Balance（屏幕平衡）：用于设置参数来提高抠像效果。

（5）Despill Bias（色彩偏移）：用于去除移除色彩的偏移程度。

图 8-10　"KeyLight（1.2）"选项区

（6）Alpha Bias（Alpha 偏移）：用于设置透明度的偏移程度。

（7）Lock Biases Together（锁定偏移）：勾选该复选框，可以锁定偏移参数。

（8）Screen Pre-blur（屏幕模糊）：用于设置屏幕的模糊程度。

（9）Screen Matte（屏幕遮罩）：用于设置屏幕的遮罩参数。

（10）Inside Mask（内侧遮罩）：用于设置内侧遮罩参数。

（11）Outside Mask（外侧遮罩）：用于设置外侧遮罩参数。

图 8-11 所示为使用"KeyLight（1.2）"视频效果前、后对比。

图 8-11　使用"KeyLight（1.2）"视频效果前、后对比

XIANGMU SHISHI
>>> 项目实施

1. 解析设计思路与设计方案

本项目要求制作 AI 智能屏幕动画。该动画以蓝色作为主色，以红色作为辅色，然后添加光圈和手指，以形成具有未来感和科技感的画面。

本项目的最终效果如图 8-12 所示，具体步骤如下。

（1）制作合成效果。

（2）对视频素材抠像。

图 8-12　AI 智能屏幕动画

2. 制作合成效果

（1）执行"文件"|"新建"|"新建项目"命令，新建一个项目。

（2）执行"合成"|"新建合成"命令，打开"合成设置"对话框，修改"合成名称"为"合成1"，"宽度"为"1 280 px"，"高度"为"720 px"，"像素长宽比"为"方形像素"，"帧速率"为"24"，"持续时间"为"16秒"，"背景颜色"为"黑色 #FFFFFF"（RGB 均为 0），单击"确定"按钮，如图 8-13 所示。

（3）新建一个合成文件，并在"项目"面板中显示，然后在"项目"面板中导入多个图像和视频文件，如图 8-14 所示。

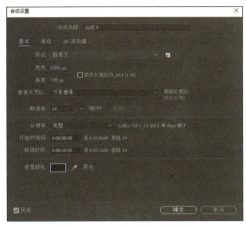

图 8-13　修改参数值

图 8-14　导入视频和图像文件

（4）在"项目"面板中选择"光圈 1"～"光圈 6"图像文件，按住鼠标左键并拖拽，将其添加至"时间轴"面板中，并隐藏"光圈 2"～"光圈 6"图层，如图 8-15 所示。

（5）在"时间轴"面板中展开"光圈 1"|"变换"选项，修改"缩放"为"10%"，单击"旋转"选项前的"时间变化秒表"按钮，依次在开始位置和 15 秒 23 帧，修改其参数分别为"0x+45.0°"和"3x+45.0°"，添加关键帧，如图 8-16 所示。

图 8-15　拖拽多个图像文件

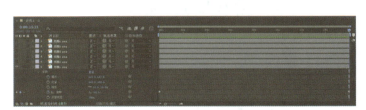

图 8-16　修改参数值

（6）在"效果和预设"面板中的"风格化"列表中选择"发光"视频效果，按住鼠标左键并拖拽，将其添加至"光圈 1"图层上，然后在"效果控件"面板中修改"发光阈值"为"100%"，"发光半径"为"20"，"颜色 A"为"天蓝色 #117CEA"（RGB 分别为 17，124，234），"颜色 B"为"深蓝色 #004D89"（RGB 分别为 0，77，137），如图 8-17 所示。

（7）为"光圈 1"图像添加"发光"视频效果，如图 8-18 所示。

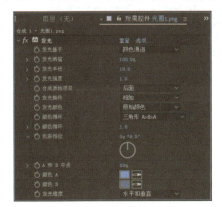

图 8-17　修改参数值

图 8-18　添加"发光"视频效果

（8）显示并选择"光圈2"图层，展开"光圈2" | "变换"选项，修改"缩放"为"60%"，单击"旋转"选项前的"时间变化秒表"按钮，依次在开始位置和15秒23帧，修改其参数分别为"0x+20.0°"和"1x+20.0°"，添加关键帧，如图8-19所示。

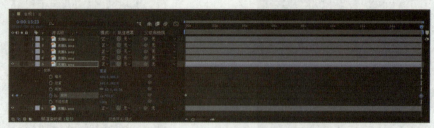

图8-19　修改参数值

（9）在"效果和预设"面板中的"模糊和锐化"列表中选择"高斯模糊"视频效果，按住鼠标左键并拖拽，将其添加至"光圈2"图层上，然后在"效果控件"面板中修改"模糊度"为"20"，如图8-20所示。

（10）为"光圈2"图像添加"高斯模糊"视频效果，如图8-21所示。

图8-20　修改参数值

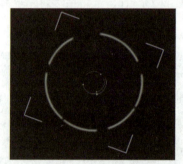

图8-21　添加"高斯模糊"视频效果

（11）选择"光圈2"图层的"效果"和"变换"选项，按快捷键"Ctrl+C"，复制图层属性，显示"光圈3"图层，按快捷键"Ctrl+V"，粘贴图层属性，然后在"变换"选项区中修改"旋转"分别为"0x+60.0°"和"6x+60.0°"，在"效果"选项区中修改"模糊度"为"40"，如图8-22所示。

图8-22　修改参数值

（12）选择"光圈3"图层的"效果"和"变换"选项，按快捷键"Ctrl+C"，复制图层属性，显示"光圈4"图层，按快捷键"Ctrl+V"，粘贴图层属性，然后在"变换"选项区中修改"旋转"分别为"0x+60.0°"和"5x+60.0°"，在"效果"选项区中修改"模糊度"为"5"，如图8-23所示。

图 8-23 修改参数值

（13）为"光圈 4"图层添加"发光"视频效果，并设置"发光阈值"为"100%"，"发光半径"为"20"，其图像效果如图 8-24 所示。

（14）选择"光圈 4"图层的"效果"和"变换"选项，按快捷键"Ctrl+C"，复制图层属性，显示"光圈 5"图层，按快捷键"Ctrl+V"，粘贴图层属性，然后在"变换"选项区中修改"旋转"分别为"0x-50.0°"和"2x+310.0°"，在"效果"选项区中修改"模糊度"为"21.2"，如图 8-25 所示。

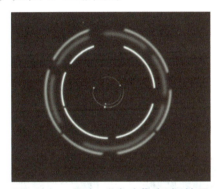

图 8-24 添加"发光"视频效果

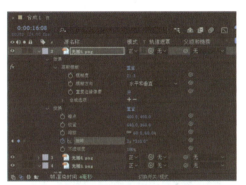

图 8-25 修改参数值

（15）选择"光圈 5"图层的"变换"选项，按快捷键"Ctrl+C"，复制图层属性，显示"光圈 6"图层，按快捷键"Ctrl+V"，粘贴图层属性，然后在"变换"选项区中修改"旋转"分别为"0x-45.0°"和"5x+315.0°"，如图 8-26 所示。

（16）在"时间轴"面板中选择所有图层文件，按快捷键"Ctrl+Shift+C"，弹出"预合成"对话框，保持默认名称，单击"确定"按钮，如图 8-27 所示，即可创建预合成文件，并在"时间轴"面板中显示。

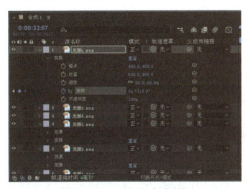

图 8-26 修改参数值

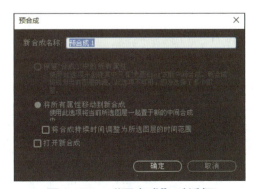

图 8-27 "预合成"对话框

（17）为"预合成 1"图层添加"三色调"视频效果，在"效果控件"面板的"三色调"选项区中修改"高光"颜色为"浅蓝色 #3CA2F8"（RGB 分别为 60，162，248），"中间调"颜色为"湖蓝色 #0053BA"（RGB 分别为 0，83，186），"中间调"颜色为"深蓝色 #011C5B"（RGB 分别为 1，28，91），如图 8-28 所示。

（18）为"预合成 1"图层添加"发光"视频效果，在"效果控件"面板的"发光"选项区中修改"发光半径"为"5"，"发光强度"为"0.5"，如图 8-29 所示。

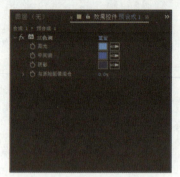

图 8-28 修改参数值

图 8-29 修改参数值

（19）为"预合成 1"图层添加"三色调"和"发光"视频效果，并预览图像效果，如图 8-30 所示。

（20）在"时间轴"面板中展开"预合成 1"|"变换"选项，在按住 Alt 键的同时，单击"时间变化秒表"按钮 ，添加表达式，然后单击"表达式: 位置"右侧的 按钮，展开列表，依次执行相应的命令，如图 8-31 所示。

图 8-30 添加"三色调"和"发光"视频效果

图 8-31 执行多个命令

（21）在表达式编辑框中输入表达式，如图 8-32 所示，完成表达式的添加与编辑。

（22）单击"缩放"选项前的"时间变化秒表"按钮 ，依次在开始位置、1 秒 16 帧位置和 2 秒 6 帧位置，修改"缩放"分别为"10%""10%"和"100%"，添加 3 组关键帧，如图 8-33 所示。

图 8-32 输入表达式

图 8-33 添加关键帧

（23）在"项目"面板中选择"背景"素材，按住鼠标左键并拖拽，将其添加至"预合成 1"图层的下方，为"背景"图层添加"曲线"视频效果，然后在"效果控件"面板的"曲线"选项区中修改参数值，如图 8-34 所示。

（24）为"背景"图层添加"曲线"视频效果，并预览图像效果，如图 8-35 所示。

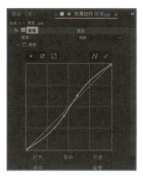

图 8-34　修改参数值

图 8-35　添加"曲线"视频效果

3. 对视频素材抠像

（1）在"项目"面板中选择"手指"素材，按住鼠标左键并拖拽，将其添加至"预合成 1"图层的上方，依次展开"手指"|"变换"选项，修改"位置"为"669"和"565"，"缩放"为"57"，如图 8-36 所示。

（2）调整视频素材的显示大小和位置，其图像效果如图 8-37 所示。

图 8-36　修改参数值

图 8-37　调整视频素材的显示大小和位置

（3）为"手指"图层添加"KeyLight（1.2）"视频效果，然后在"效果控件"面板中单击"吸管工具"按钮，吸取背景中的绿色图像，即可对视频素材抠像，其图像效果如图 8-38 所示。

（4）为"手指"图层添加"曲线"视频效果，然后在"效果控件"面板的"曲线"选项区中修改参数值，如图 8-39 所示。至此，整个项目制作完成。

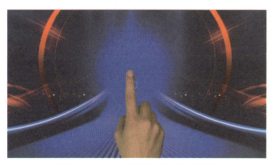

图 8-38　对视频素材抠像

图 8-39　修改参数值

　使用颜色范围制作服饰主图广告

　　制作服饰主图广告（图8-40），该广告使用"颜色范围"视频效果去除女装中的绿色背景图像，然后添加色彩艳丽的背景和文字效果，使整个画面效果层次丰富，更加美观大气（素材 / 项目8/ "女装.jpg" 等、效果 / 项目8/ "课后练习.aep"）。

图8-40　服饰主图广告效果

拓展阅读　抠像的作用

　　抠像主要是通过图像处理技术，提取图像中的某一颜色或物体，以便在后续的编辑和合成中应用。抠像技术广泛应用于视频制作和后期处理，如影视特效制作、广告制作、视频剪辑等。抠像的作用主要有以下两个。

1. 去除背景

　　抠像可以用于去除背景，留下所需的主体部分，这种技术尤其在视频剪辑和合成中非常有用。通过抠像，可以轻松地将一个人物或物体从其背景中分离出来，创造出独特的视觉效果。

2. 替换背景

　　抠像可以用于替换背景，即通过将一个场景中的背景替换为另一个背景，达到更换场景、增强视觉效果的目的。

　　在视频制作中，抠像是一项重要的技能，可以帮助创作者创造出更加丰富、精彩的视觉效果。

项目 9

视频渲染——渲染美食栏目包装视频

渲染通常指最终的视频输出过程。因此，当完成一段视频内容的编辑，并且对编辑的效果感到满意时，可以使用 After Effects 2023 中的"渲染"功能将其输出成各种不同格式的文件。本项目详细讲解 After Effects 2023 中视频的渲染方法，通过本项目的学习，读者可以快速掌握各种渲染技巧，从而渲染出不同尺寸、不同格式的视频作品。

学习目标

【知识目标】

• 了解渲染的含义。

• 掌握各种视频格式的渲染方法。

【能力目标】

• 熟悉将当前文件添加到渲染队列的方法和过程，能够根据视频需求进行渲染。

• 掌握渲染和输出模块的设置方法，能够快速设置各种渲染参数。

【素养目标】

• 培养渲染参数的设置能力，能够独立设置不同的渲染参数。

• 培养视频作品的渲染能力，能够运用渲染功能渲染不同格式和尺寸的视频。

项目拆解

（1）设置渲染自定义时间范围。

（2）输出 AVI 格式视频。

知识点1　将当前文件添加到渲染队列

在 After Effects 2023 中，要对当前文件进行渲染，需要先将文件添加到渲染队列，在渲染队列中可以对渲染格式、品质、名称等参数进行设置。

将当前文件添加到渲染队列的方法很简单，只要在当前文件中执行"文件"|"导出"|"添加到渲染队列"命令即可，如图 9-1 所示。

此时在"时间轴"面板中将显示"渲染队列"面板，如图 9-2 所示，完成将当前文件添加到渲染队列的操作。

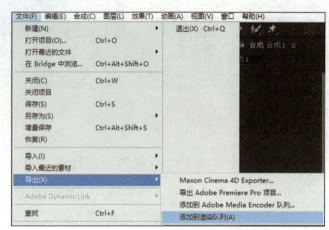

图 9-1　执行"文件"|"导出"|"添加到渲染队列"命令

图 9-2　显示"渲染队列"面板

"渲染队列"面板中各常用选项的含义如下。

（1）当前渲染：用于显示当前渲染的相关信息。

（2）已用时间：用于显示当前渲染已经花费的渲染时间。

（3）剩余时间：用于显示当前渲染剩余的渲染时间。

（4）渲染：单击该按钮，可以开始渲染视频。

（5）AME 中的队列：单击该按钮，可以将已用的渲染队列加入 Adobe Media Encoder 队列。

（6）渲染设置：单击其右侧的"渲染设置"文本链接，将弹出"渲染设置"对话框，在该对话框中可以对渲染参数进行设置，如图 9-3 所示。

（7）输出模块：单击其右侧的蓝色文本链接，将弹出"输出模块设置"对话框，在该对话框中可以对输出模块参数进行设置，如图 9-4 所示。

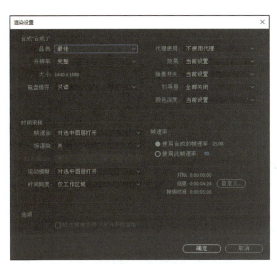

图 9-3　"渲染设置"对话框

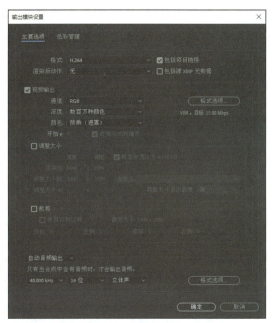

图 9-4　"输出模块设置"对话框

（8）日志：用于显示输出日志信息，该列表包含"仅错误""增加设置"和"增加每帧设置"3 个选项。

（9）输出到：单击其右侧的蓝色文本链接，将弹出"将影片输出到"对话框，在该对话框中可以指定渲染位置和名称等参数。

知识点2　渲染设置

在"渲染设置"对话框中可以对合成参数、时间采样参数、选项参数等进行设置，如图 9-5 所示。

下面详细介绍"渲染设置"对话框中各常用选项的含义。

（1）品质：在该列表中可以选择"当前设置""最佳""草图"和"线框"4 种渲染品质。

（2）分辨率：用于设置渲染合成的分辨率。

（3）磁盘缓存：用于设置在渲染期间是否使用磁盘内存。

（4）代理使用：用于设置在渲染期间是否使用代理。

（5）效果：用于设置是否渲染视频中的视频效果。

（6）帧混合：在该列表中可以选择"当前设置""对选中图层打开"和"对所有图层关闭"3 种混合方式。

（7）场渲染：用于设置场渲染类型。

图 9-5　"渲染设置"对话框

（8）帧速率：用于设置渲染影片时使用的采样帧速率。

（9）运动模糊：用于设置运动模糊类型。

（10）时间跨度：用于设置渲染合成文件中的多少内容。

知识点3　输出模块设置

在渲染视频作品时，还可以对视频作品的输出模块进行设置。"输出模块设置"对话框包含"主要选项"和"色彩管理"两个选项卡，如图9-6所示。

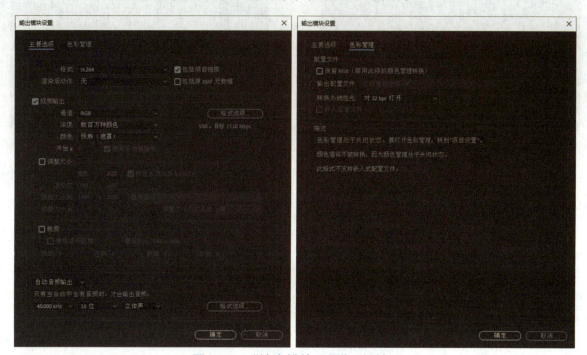

图9-6　"输出模块设置"对话框

"主要选项"选项卡中各选项的含义如下。

（1）格式：在该列表中可以指定输出文件或文件序列的格式。

（2）包括项目链接：勾选该复选框，可以在输出文件时包括链接到 After Effects 项目的信息。

（3）包括源 XMP 元数据：勾选该复选框，可以在输出文件时包括用作渲染合成的源文件中的 XMP 元数据。

（4）渲染后动作：在该列表中可以指定在 After Effects 渲染合成后要执行的动作。

（5）格式选项：单击该按钮，将打开"H.264 选项"对话框，在该对话框中可以设置指定的格式选项。

（6）通道：在该列表中可以指定视频作品的输出通道。

（7）深度：在该列表中可以指定视频作品的颜色深度。

（8）颜色：在该列表中可以指定 Alpha 通道创建颜色的方式。

（9）调整大小：勾选该复选框，可以重新设置输出影片大小。

（10）裁剪：勾选该复选框，可以在输出影片时减去或增加影片边缘的像素行或列。

（11）自动音频输出：用于指定采样率、采样深度和播放格式等参数。

知识点4　渲染常用的格式

随着视频文件格式的增加，After Effects 2023 可以根据所选文件的不同，调整不同的视频输出格式，从而输出不同格式的视频作品。

1. 输出 JPEG 格式静帧图片

输出 JPEG 格式的静帧图片的方法很简单，在"输出模块设置"对话框的"格式"列表中选择"JPEG 序列"选项，如图 9-7 所示，打开"JPEG 选项"对话框，修改参数值，如图 9-8 所示，然后单击"确定"和"渲染"按钮，即可输出 JPEG 格式静帧图片。

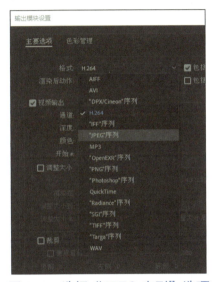

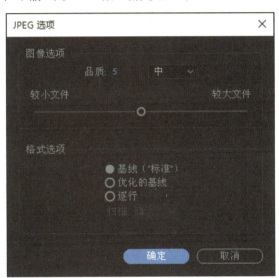

图 9-7　选择"JPEG 序列"选项　　　　图 9-8　"JPEG 选项"对话框

2. 输出 AVI 格式视频

AVI 格式即音频视频交错格式，是将语音和影像同步组合的文件格式。输出 AVI 格式视频的方法很简单，在"输出模块设置"对话框的"格式"列表中选择"AVI"选项，然后单击"确定"和"渲染"按钮，即可输出 AVI 格式视频，如图 9-9 所示。

3. 输出 Premiere 项目格式视频

在 After Effects 2023 中，执行"文件"|"导出"|"导出 Adobe Premiere Pro 项目"命令，如图 9-10 所示，将弹出"导出为 Adobe Premiere Pro 项目"对话框，修改文件名和导出路径，如图 9-11 所示，单击"保存"按钮，即可输出 Premiere 项目格式视频。

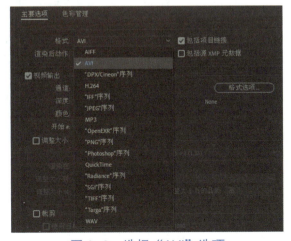

图 9-9　选择"AVI"选项

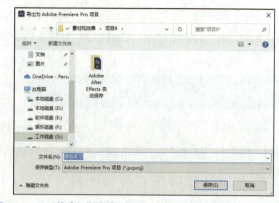

图 9-10 　执行"文件"|"导出"|"导出 Adobe Premiere Pro 项目"命令 　　图 9-11 　弹出"导出为 Adobe Premiere Pro 项目"对话框

4. 输出其他格式视频

在"输出模块设置"对话框的"格式"列表中选择"MOV""MP3""WAV"等选项，可以输出其他格式的视频，其操作方法大致相同，这里不再赘述。

<<<　XIANGMU SHISHI
>>> 项目实施

1. 解析设计思路与设计方案

本项目要求制作美食栏目包装视频。该视频以白色作为主色，搭配绿色、黄色和紫色等颜色进行点缀，然后搭配美食图片和文字，可以让整个画面美观醒目。在完成整个视频的制作后，通过渲染功能将该视频作品进行渲染输出。

本项目的最终效果如图 9-12 所示，具体步骤如下。

（1）设置渲染自定义时间范围。

（2）输出 AVI 格式视频。

图 9-12 　美食栏目包装视频

2. 设置渲染自定义时间范围

（1）执行"文件"|"打开项目"命令，打开"打开"对话框，在对应的文件夹中选择需要打开的"美食栏目包装"项目文件，单击"打开"按钮，如图 9-13 所示。

（2）打开选择的项目文件，并在"合成"面板中预览项目效果，如图 9-14 所示。

图 9-13 选择需要打开的项目文件

图 9-14 预览项目效果

（3）执行"文件"|"导出"|"添加到渲染队列"命令，如图 9-15 所示。

（4）显示"渲染队列"面板，单击"渲染设置"右侧的"最佳设置"文字链接，如图 9-16 所示。

图 9-15 执行"文件"|"导出"|"添加到
渲染队列"命令

图 9-16 单击"最佳设置"
文字链接

（5）弹出"渲染设置"对话框，单击"自定义"按钮，如图 9-17 所示。

（6）打开"自定义时间范围"对话框，修改"结束时间"为"4 秒 5 帧"，如图 9-18 所示，依次单击"确定"按钮，即可完成渲染自定义时间范围的设置。

图 9-17 单击"自定义"按钮

图 9-18 修改参数值

3. 输出 AVI 格式的视频

（1）在"渲染队列"面板中，单击"输出设置"右侧的文本链接，如图 9-19 所示。

（2）弹出"输出模块设置"对话框，在"格式"列表中选择"AVI"选项，如图 9-20 所示，单击"确定"按钮，完成输出格式的设置。

图 9-19   单击文本链接

图 9-20   选择"AVI"选项

（3）单击"输出到"右侧的文本链接，如图 9-21 所示。

（4）弹出"将影片输出到"对话框，设置输出路径和名称，如图 9-22 所示，单击"保存"按钮，完成输出路径的设置。

图 9-21   单击文本链接

图 9-22   修改参数值

（5）完成渲染参数设置后，在"渲染队列"面板中单击"渲染"按钮，如图 9-23 所示，即可开始渲染视频，并显示渲染进度，稍后将完成渲染。至此，整个项目制作完成。

图 9-23   单击"渲染"按钮

课后练习   渲染女装广告视频

渲染女装广告视频（图 9-24），该效果中使用粉色和浅蓝色作为主色调，使得整个广告效果充满了粉嫩气息，特别符合女装背景，然后搭配女装图片和文字，使得整个广告画面更加有层次感和少女气息。在制作好整个女装广告视频后，还通过"渲染"功能将视频进行渲染（素材 / 项目 8/ "女装 .jpg"等，效果 / 项目 8/ "课后练习 .aep"）。

图 9-24　女装广告视频

渲染是将 After Effects 2023 中的动画效果输出为视频、图片、音频、序列等格式的文件，这些文件可以在手机、计算机或者网络中传播。

在 After Effects 2023 中可以渲染很多格式，如视频和动画格式、静帧图片格式、音频格式、视频项目格式等。

1. 视频和动画格式

After Effects 2023 可以渲染的视频和动画格式有 QuickTime（MOV）和 AVI 两种。

2. 静帧图片格式

After Effects 2023 可以渲染的静帧图片格式有以下 10 种。

（1）Photoshop 序列（PSD）。

（2）DPX/Cineon 序列（CIN、DPX）。

（3）IFF 序列（IFF）。

（4）JPEG 序列（JPG、JPE）。

（5）OpenEXR 序列（EXR）。

（6）PNG 序列（PNG）。

（7）Radiance 序列（HDR、RGBE、XYZE）。

（8）SGI 序列（SGI、BW、RGB）。

（9）TIFF 序列（TIF）。

（10）Targa 序列（TGA、VBA、ICB、VST）。

3. 音频格式

After Effects 2023 可以渲染的音频格式有音频交换格式（AIFF）、MP3 和 WAV 3 种。

4. 视频项目格式

After Effects 2023 可以直接将视频渲染为 Adobe Premiere Pro 的 PRPROG 项目格式文件。

综合案例

在完成了前面基础部分内容的学习与应用后，本项目详细讲解片头动画、特效动画和宣传动画的制作方法，通过本项目的学习，读者可以巩固前面所学的基础知识，并通过基础知识完成各种领域的视频作品的制作。

学习目标

【知识目标】

- 了解各种动画作品的设计思路。
- 掌握各种动画作品的设计方案。

【能力目标】

- 掌握片头动画和宣传动画的制作方法，能够根据视频需求进行制作。
- 掌握特效动画的制作方法，能够快速设置特效动画中的各种视频效果。

【素养目标】

- 培养各种动画效果的设计能力，能够独立设计不同的动画方案。
- 培养综合视频作品的制作能力，能够运用各种软件技能制作不同的视频作品。

项目拆解

（1）制作振兴乡村片头动画。

（2）制作星空穿梭特效动画。

（3）制作江南旅游宣传动画。

综合案例一　制作振兴乡村片头动画

振兴乡村片头动画简短地展示农业绿色发展内容。在制作振兴乡村的片头动画时会用到图层合成与新建、视频效果添加、关键帧制作等操作，下面将详细讲解具体的制作方法。

1. 解析设计思路与设计方案

本案例制作振兴乡村片头动画。该动画以蓝色天空和绿色农田作为主体，搭配文字动画，呈现恢宏大气的视觉效果。

本案例的最终效果如图 10-1 所示，具体步骤如下。

（1）制作片头动画主体。

（2）制作片头动画文本。

（3）完善片头动画。

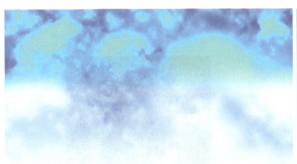
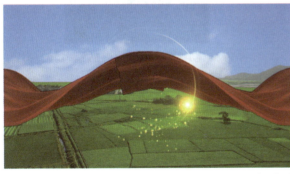

图 10-1　振兴乡村片头动画效果

2. 制作片头动画主体

（1）执行"文件"|"新建"|"新建项目"命令，新建一个项目。

（2）执行"合成"|"新建合成"命令，打开"合成设置"对话框，修改"合成名称"为"总合成"，"宽度"为"1 920 px"，"高度"为"1 080 px"，"像素长宽比"为"方形像素"，"帧速率"为"25"，"持续时间"为"15 秒"，"背景颜色"为"黑色 #FFFFFF"（RGB 均为0），单击"确定"按钮，如图 10-2 所示。

（3）新建一个合成文件，并在"项目"面板中显示，然后在"项目"面板中导入对应文件中的图像、视频和音频素材，如图10-3所示。

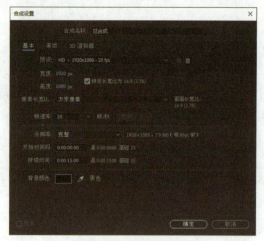

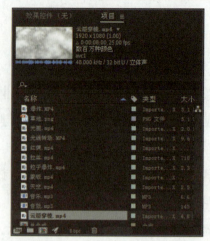

图10-2　修改参数值　　　　　　　　　　图10-3　新建合成文件并导入素材

（4）在"项目"面板中选择"天空"视频素材，按住鼠标左键并拖拽，将其添加至"时间轴"面板中，展开"天空"|"变换"选项，修改"缩放"为"158"，如图10-4所示。

（5）为"天空"图层添加"曲线"视频效果，然后在"效果控件"面板的"曲线"选项区中修改各参数值，如图10-5所示。

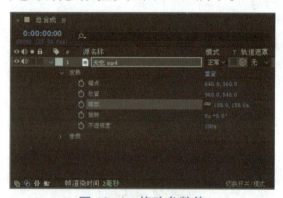

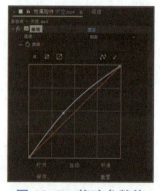

图10-4　修改参数值　　　　　　　　　　图10-5　修改参数值

（6）完成为"天空"图层添加"曲线"视频效果的操作，如图10-6所示。

（7）在"项目"面板中选择"草地"图像素材，按住鼠标左键并拖拽，将其添加至"时间轴"面板中，展开"草地"|"变换"选项，修改"位置"为"959"和"692"，"缩放"为"50"，即可调整图像的位置和大小，其效果如图10-7所示。

图10-6　添加"曲线"视频效果　　　　　　图10-7　调整图像的位置和大小

（8）将时间线移至 1 秒 2 帧的位置，选择"红绸"视频素材，将其添加至"时间轴"面板中，展开"红绸"|"变换"选项，修改"缩放"为"100"和"130"，为"红绸"图层添加"三色调"视频效果，展开"红绸"|"效果"|"三色调"选项，修改"高光"颜色为"白色 #FFFFFF"（RGB 均为 255），"中间调"颜色为"红色 #FF0000"（RGB 分别为 255，0，0），"阴影"颜色为"黑色 #000000"（RGB 均为 0），如图 10-8 所示。

（9）为"红绸"图层添加"颜色范围"视频效果，在"效果控件"面板的"颜色范围"选项区中，单击"吸管工具"按钮，吸取视频中的黑色，即可抠除黑色背景，其效果如图 10-9 所示。

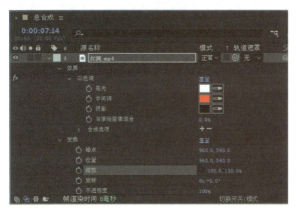

图 10-8　修改参数值

图 10-9　抠除黑色背景

（10）在"时间轴"面板中选择"红绸"图层，按快捷键"Ctrl+C"复制图层，按快捷键"Ctrl+V"粘贴图层，展开复制后的"红绸"|"变换"选项，修改"缩放"为"-100"和"130"，如图 10-10 所示。

（11）复制与缩放图像，并在"合成"面板中预览复制后的图像效果，如图 10-11 所示。

图 10-10　修改参数值

图 10-11　复制与缩放图像

3. 制作片头动画文本

（1）执行"合成"|"新建合成"命令，修改"合成名称"为"文字 1"，"持续时间"为"20 秒"，单击"确定"按钮，即可新建一个合成文件，如图 10-12 所示。

（2）在工具栏中单击"横排文字工具"按钮 **T**，在"合成"面板中单击，显示文本输入框，输入文本，并修改"字体格式"为"汉仪大黑简"，"字体大小"为"180"，"行距"为

"8"，"字体颜色"为"黄色 #FFD673"（RGB 分别为 255，214，115），如图 10-13 所示。

图 10-12　新建合成文件

图 10-13　输入文本

（3）使用同样的方法，依次输入其他文本，并修改其格式，如图 10-14 所示。

（4）在"时间轴"面板中选择所有"文本"图层，按快捷键"Ctrl+Shift+C"，弹出"预合成"对话框，修改"合成名称"为"文字效果"，然后将"蒙版"视频拖拽至"时间轴"面板中"文字效果"图层的下方，如图 10-15 所示。

图 10-14　输入其他文本

图 10-15　修改参数值

（5）为"蒙版"图层添加"CC Blobbylize"视频效果，然后修改其"轨道遮罩"为"2.文字效果"选项，展开"CC Blobbylize"选项，修改参数值，如图 10-16 所示。

（6）执行"图层"|"新建"|"调整图层"命令，新建"调整"图层，为"调整"图层添加"曲线"视频效果，在"效果控件"面板的"曲线"选项区修改参数值，如图 10-17 所示。

图 10-16　修改参数值

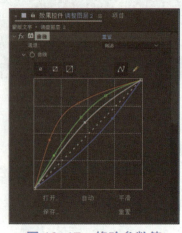

图 10-17　修改参数值

（7）继续为"调整"图层添加"曲线"视频效果，在"效果控件"面板的"曲线"选项区修改参数值，如图 10-18 所示。

（8）在"时间轴"面板中选择"蒙版""文字效果"图层和"调整"图层，按快捷键"Ctrl+Shift+C"，弹出"预合成"对话框，修改"合成名称"为"蒙版文字"，单击"确定"按钮，创建合成图层，然后选择"蒙版文字"图层，按快捷键"Ctrl+C"，复制图层，按快捷键"Ctrl+V"，粘贴图层，如图 10-19 所示。

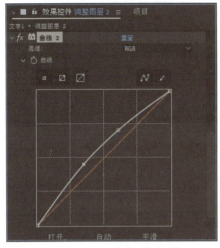

图 10-18　修改参数值

图 10-19　创建、复制与粘贴图层

（9）在工具栏中单击"圆角矩形工具"按钮▣，在"合成"面板中按住鼠标左键并拖拽，绘制一个圆角矩形，在"内容"选项区中修改"圆度"为"46"，然后调整"形状"图层的顺序，其图像效果如图 10-20 所示。

（10）为"形状图层1"图层添加"梯度渐变"视频效果，在"效果控件"面板的"梯度渐变"选项区中，修改"渐变起点"为"884"和"428"，"起始颜色"为"红色 #FF0000"（RGB 分别为 255，0，0），"渐变终点"为"936"和"700"，"结束颜色"为"深红色 #870000"（RGB 分别为 135，0，0），如图 10-21 所示。

图 10-20　绘制圆角矩形

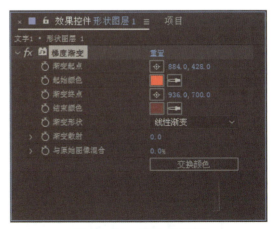

图 10-21　修改参数值

（11）为中间的"蒙版文字"图层添加"CC Radial Blur"视频效果，并在"效果控件"面板中修改参数值，如图 10-22 所示。

（12）为中间的"蒙版文字"图层添加"曲线"视频效果，并在"效果控件"面板中修改参数值，如图10-23所示。

图10-22　修改参数值

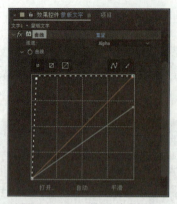

图10-23　修改参数值

（13）为中间的"蒙版文字"图层添加"曲线2"视频效果，并在"效果控件"面板中修改参数值，如图10-24所示。

（14）为中间的"蒙版文字"图层添加"曲线3"视频效果，并在"效果控件"面板中修改参数值，如图10-25所示。

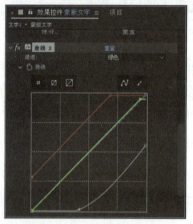

图10-24　修改参数值

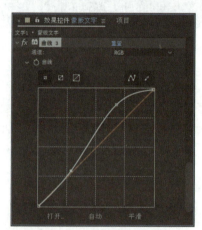

图10-25　修改参数值

（15）为文本添加各种视频效果后的画面如图10-26所示。

（16）在"时间轴"面板中选择"蒙版文字"和"形状图层1"图层，按快捷键"Ctrl+Shift+C"，弹出"预合成"对话框，修改"合成名称"为"金属文字"，单击"确定"按钮，创建合成图层，如图10-27所示。

图10-26　为文本添加各种视频效果后的画面

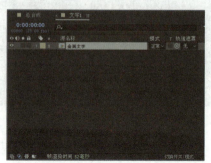

图10-27　创建合成图层

（17）在"项目"面板中将"拉丝"图层拖拽至"金属文字"图层的上方，然后在"变换"选项区中，修改"缩放"为"177"和"100"，为其添加"镜像"视频效果，在"镜像"选项区中修改"反射中心"为"544"和"540"，如图10-28所示。

（18）执行"图层"|"新建"|"纯色"命令，弹出"纯色设置"对话框，修改"名称"为"遮罩"，"颜色"为"白色#FFFFFF"（RGB均为0），单击"确定"按钮，在5秒的位置，创建"纯色"图层，展开"变换"选项区，在5秒和5秒6帧的位置，修改"不透明度"为"0"和"100%"，添加两组关键帧，如图10-29所示。

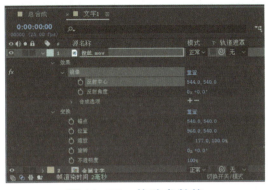

图 10-28 修改参数值

图 10-29 修改参数值

（19）在"时间轴"面板中选择"遮罩"和"拉丝"两个图层，按快捷键"Ctrl+Shift+C"，创建"遮罩"图层，然后修改"金属文字"图层的"轨道遮罩"为"1.遮罩"选项，如图10-30所示。

（20）在"时间轴"面板中选择"金属文字"和"遮罩"两个图层，按快捷键"Ctrl+Shift+C"，创建"合成文字"图层，然后复制"合成文字"图层，并修改复制后图层混合模式为"叠加"，最终文本效果如图10-31所示，完成文本的制作。

图 10-30 修改参数值

图 10-31 最终文本效果

4. 完善片头动画

（1）在"总合成"的"时间轴"面板中，将时间线移至1秒24帧位置，将"文字1"合成文件拖拽至"时间轴"面板中，并复制"文字1"图层，为第1个"文字1"图层添加"CC Radial Fast Blur"和"填充"视频效果，然后在"效果控件"面板中修改参数值，如图10-32所示。

（2）执行"图层"|"新建"|"调整图层"命令，新建一个"调整"图层，为"调整"

图层添加"光学补偿"视频效果，在"时间轴"面板的"光学补偿"选项区中，依次在开始的位置和 2 秒的位置，修改"视场"分别为"6"和"0"，添加关键帧，修改"FOV 方向"为"垂直"，如图 10-33 所示。

图 10-32　修改参数值

图 10-33　修改参数值

（3）在"总合成"的"时间轴"面板中，将时间线移至 1 秒 20 帧的位置，将"光圈"视频素材拖拽至"时间轴"面板中，然后修改其图层混合模式为"屏幕"，如图 10-34 所示。

（4）选择"时间轴"面板中的所有图层，按快捷键"Ctrl+Shift+C"，创建"片头 1"图层，然后将图层移动至 2 秒 18 帧的位置，然后依次在 5 秒 21 帧和 6 秒 20 帧的位置，修改"位置"分别为"960"和"540"、"959.5"和"541.7"，添加两组关键帧，如图 10-35 所示。

图 10-34　修改参数值

图 10-35　添加关键帧

（5）新建一个白色"纯色"图层，为新建的"纯色"图层添加"梯度渐变"视频效果，在"效果控件"面板的"梯度渐变"选项区中，修改"渐变起点"为"960"和"0"，"起始颜色"为"蓝色 #0078FF"（RGB 分别为 0，120，255），"渐变终点"为"960"和"1080"，"结束颜色"为"白色 # FFFFFF"（RGB 均为 255），如图 10-36 所示。

（6）将"云层穿梭"视频素材拖拽至"时间轴"面板中，修改其图层混合模式为"叠加"，将"光线转场"视频素材拖拽至"时间轴"面板中，修改其图层混合模式为"叠加"，如图 10-37 所示。

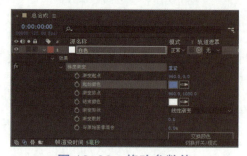

图 10-36　修改参数值

图 10-37　拖拽视频素材

（7）在"时间轴"面板中，选择"白色""云层穿梭"和"光线转场"图层，按快捷键"Ctrl+Shift+C"，创建"片头2"图层，然后修改新建图层的持续时间长度为3秒20帧，依次在2秒24帧和3秒6帧的位置，修改"不透明度"为"100%"和"0"，添加两组关键帧，如图10-38所示。

（8）将时间线移至2秒21帧的位置，将"粒子爆炸"视频素材拖拽至"时间轴"面板中，修改其图层混合模式为"屏幕"，将"光线转场"视频素材拖拽至"时间轴"面板中，修改其图层混合模式为"屏幕"，依次将"音效"和"音乐"素材拖拽至"时间轴"面板中，如图10-39所示。至此，整个案例制作完成。

图 10-38　修改参数值并添加关键帧

图 10-39　拖拽视频和音频素材

综合案例二　制作星空穿梭特效动画

星空穿梭特效动画展示宇宙中星空穿梭的画面。制作星空穿梭特效动画涉及图层混合模式设置、视频效果和过渡效果的添加等操作。下面详细讲解具体的制作方法。

1. 解析设计思路与设计方案

本案例制作星空穿梭特效动画。该特效动画以宇宙星空为主题，搭配光线和粒子元素，将宇宙星空的浩瀚展示得淋漓尽致，并让人产生身临其境的感觉。

本案例的最终效果如图10-40所示，具体步骤如下。

（1）制作特效动画主体。

（2）完善与渲染特效动画。

图 10-40　星空穿梭特效动画效果

2. 制作特效动画主体

（1）执行"文件"|"新建"|"新建项目"命令，新建一个项目。

（2）执行"合成"|"新建合成"命令，打开"合成设置"对话框，修改"合成名称"为"星空穿梭"，"宽度"为"1 920 px"，"高度"为"1 080 px"，"像素长宽比"为"方形

像素"，"帧速率"为"25"，"持续时间"为"20秒"，"背景颜色"为"黑色#FFFFFF"（RGB均为0），单击"确定"按钮，如图10-41所示。

（3）新建一个合成文件，并在"项目"面板中显示，然后在"项目"面板中导入对应文件中的图像、视频和音频素材，如图10-42所示。

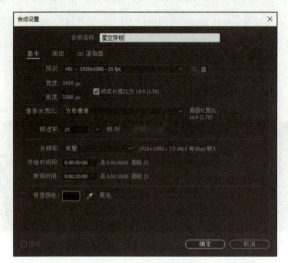

图10-41　修改参数值

图10-42　新建合成文件并导入素材

（4）在"项目"面板中选择"背景"视频素材，按住鼠标左键并拖拽，将其添加至"时间轴"面板中，如图10-43所示。

（5）使用同样的方法，依次将"星空1""星空2"和"背景2"视频素材拖拽至"时间轴"面板中，并修改其图层混合模式为"相加"，如图10-44所示。

图10-43　拖拽视频素材

图10-44　拖拽多个视频素材

（6）在"合成"面板中预览视频合成效果，如图10-45所示。

（7）将时间线移至4秒的位置，将"菱形"视频素材拖拽至"时间轴"面板中，并修改其持续时间为4秒，修改其图层混合模式为"相加"，如图10-46所示。

图10-45　预览视频合成效果

图10-46　拖拽多个视频素材

（8）选择"菱形"图层，为其开启"3D"图层，然后展开"变换"选项区，修改其"不透明度"为"74%"，如图10-47所示。

（9）为"菱形"图层添加"百叶窗"过渡效果，在"百叶窗"选项区中，修改"方向"为"0+30.7°"，"宽度"为"181"，"羽化"为"18"，依次在时间线为4秒2帧和6秒8帧的位置，修改"过渡完成"为"100%"和"0"，添加关键帧，如图10-48所示。

图 10-47　修改参数值

图 10-48　修改参数值并添加关键帧

（10）为"菱形"图层添加"发光"视频效果，在"发光"选项区中，修改"发光基于"为"Alpha通道"，"发光阈值"为"9.4%"，"发光半径"为"28"，"颜色B"为"蓝色#250F68"（RGB分别为37，15，104），依次在时间线6秒6帧和6秒24帧的位置，修改"发光强度"为"0"和"7.5"，添加两组关键帧，如图10-49所示。

（11）将时间线移至12秒4帧的位置，将"菱形"视频素材拖拽至"时间轴"面板中，在"变换"选项区中，修改"不透明度"为"14%"，修改其图层混合模式为"相加"，如图10-50所示。

图 10-49　修改参数值并添加关键帧

图 10-50　修改参数值

（12）为"菱形"图层添加"发光"视频效果，在"发光"选项区中，修改"发光基于"为"Alpha通道"，"发光阈值"为"9.4%"，"发光半径"为"28"，"发光强度"为"1.1"，"颜色B"为"蓝色#250F68"（RGB分别为37，15，104），如图10-51所示。

（13）将"星空3"视频素材拖拽至"时间轴"面板中，修改其图层混合模式为"相加"，如图10-52所示。

图 10-51　修改参数值

图 10-52　拖拽视频素材

（14）将时间线移至1秒13帧的位置，将"火焰1"图像素材拖拽至"时间轴"面板中，修改其持续时间长度，修改图层混合模式为"相加"，并将其设置为"3D"图层，在"变换"选项区中，修改"位置"为"900""542"和"−4 890"，将时间线分别移至5秒20帧、7秒20帧和8秒6帧的位置，修改"不透明度"为"0""100%"和"0"，添加关键帧，如图10-53所示。

（15）为"火焰1"图层添加"遮罩阻塞工具"视频效果，在"遮罩阻塞工具"选项区中，修改"几何柔和度1"为"32.5"，"灰色阶柔和度1"为"0%"，"几何柔和度2"为"100"，"阻塞2"为"127"，"灰色阶柔和度2"为"100%"，将时间线依次移至6秒5帧和11秒3帧的位置，修改"阻塞1"分别为"127"和"−127"，添加两组关键帧，如图10-54所示。

图 10-53　修改参数值

图 10-54　修改参数值并添加关键帧

（16）为"火焰1"图层添加"发光"视频效果，在"发光"选项区中，修改"发光阈值"为"19.2%"，"发光半径"为"184"，如图10-55所示。

（17）将时间线移至2秒8帧的位置，将"火焰2"图像素材拖拽至"时间轴"面板中，修改其持续时间长度，修改图层混合模式为"相加"，并将其设置为"3D"图层，在"变换"选项区中，修改"位置"为"727""409"和"−4 095"，"Z轴旋转"为"0+152°"，将时间线分别移至6秒3帧和9秒16帧的位置，修改"不透明度"为"0"和"100%"并添加关键帧，如图10-56所示。

图 10-55　添加"发光"视频效果

图 10-56　修改参数值并添加关键帧

（18）为"火焰2"图层添加"遮罩阻塞工具"视频效果，在"遮罩阻塞工具"选项区中，修改"几何柔和度1"为"100"，"灰色阶柔和度1"为"0"，"几何柔和度2"为"100"，"阻塞2"为"127"，"灰色阶柔和度2"为"100%"，将时间线依次移至7秒1帧和11秒24帧的位置，修改"阻塞1"分别为"127"和"−127"，添加两组关键帧，如图10-57所示。

（19）为"火焰2"图层添加"发光"视频效果，在"发光"选项区中，修改"发光阈值"为"64.7%","发光半径"为"281",如图 10-58 所示。

图 10-57　修改参数值并添加关键帧

图 10-58　修改参数值

（20）为"火焰 2"图层添加"色相 / 饱和度"视频效果，在"效果控件"面板的"色相 / 饱和度"选项区中，修改"主色相"为"0+320°"，"主饱和度"为"–38"，如图 10-59 所示。

（21）执行"图层" | "新建" | "摄像机"命令，打开"摄像机设置"对话框，修改"胶片大小"为"36"，"焦距"为"35"，如图 10-60 所示，单击"确定"按钮，即可创建"摄像机"图层。

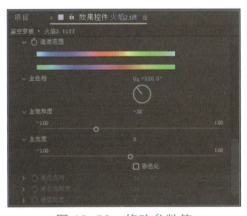

图 10-59　修改参数值

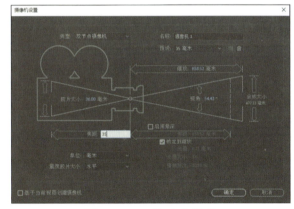

图 10-60　修改参数值

（22）在"时间轴"面板中展开"摄像机 1" | "摄像机选项"选项，修改"焦距"为"1 866.7"，"光圈"为"17.7"，如图 10-61 所示。

（23）将时间线移至 6 秒 5 帧的位置，将"特效"视频素材移至"时间轴"面板中，修改其图层混合模式为"相加"，将时间线移至 8 秒 22 帧的位置，将"特效"视频素材移至"时间轴"面板中，修改其图层混合模式为"相加"，如图 10-62 所示。

图 10-61　修改参数值

图 10-62　拖拽视频素材

（24）为最上方的"特效"图层添加"色相/饱和度"视频效果，然后在"效果控件"面板的"色相/饱和度"选项区中，修改"主色相"为"0+228°"，如图10-63所示。

（25）在"合成"面板中，预览最终合成效果，如图10-64所示。

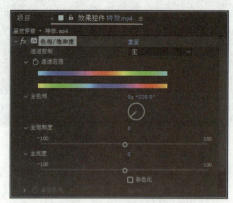

图 10-63　修改参数值

图 10-64　预览最终合成效果

（26）将"特效2"视频素材移至"时间轴"面板中，修改其图层混合模式为"相加"，如图10-65所示。

（27）在"合成"面板中，预览合成后的图像效果，如图10-66所示。

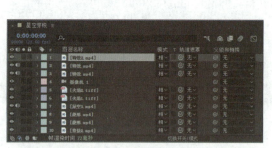

图 10-65　拖拽视频素材

图 10-66　预览合成后的图像效果

3. 完善与渲染特效动画

（1）将"音乐"音频素材拖拽至"时间轴"面板的最下方显示，如图10-67所示。

（2）执行"文件"|"导出"|"添加到渲染队列"命令，如图10-68所示。

图 10-67　拖拽音频素材

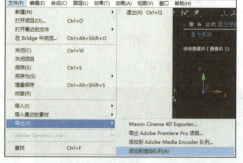

图 10-68　执行"文件"|"导出"|"添加到渲染队列"命令

（3）打开"渲染队列"面板，单击"最佳设置"文本链接，打开"渲染设置"对话框，单击"自定义"按钮，如图10-69所示。

（4）打开"自定义时间范围"对话框，修改"结束"为"15秒"，如图10-70所示，依次单击"确定"按钮，即可完成自定义时间设置。

图 10-69　单击"自定义"按钮

图 10-70　修改结束时间

（5）单击"输出到"右侧的"尚未指定"链接，打开"将影片输出到"对话框，修改文件名和输出路径，单击"保存"按钮，如图 10-71 所示，完成输出设置。

（6）在"渲染队列"面板中单击"渲染"按钮，如图 10-72 所示，即可输出视频。

图 10-71　进行输出设置

图 10-72　单击"渲染"按钮

综合案例三　制作江南旅游宣传动画

江南旅游宣传动画展示江南水乡的美景。制作江南旅游宣传动画涉及新建合成、新建与编辑各种图层、添加各种视频效果、添加多个关键帧等操作。下面详细讲解具体的制作方法。

1. 解析设计思路与设计方案

本案例制作江南旅游宣传动画。该宣传动画以江南水乡的美景为主题，通过水墨画背景，进行缓慢的擦除显示，让整个画面充满古风气息。

本案例的最终效果如图 10-73 所示，具体步骤如下。

（1）制作宣传动画片头 1。

（2）制作宣传动画其他片头。

（3）制作宣传动画片尾。

（4）完善与渲染宣传动画。

图 10-73　江南旅游宣传动画效果

2. 制作宣传动画片头 1

（1）新建一个项目文件，执行"合成"|"新建合成"命令，打开"合成设置"对话框，修改"合成名称"为"总合成"，"宽度"为"1 920 px"，"高度"为"1 080 px"，"像素长宽比"为"方形像素"，"帧速率"为"25"，"持续时间"为"29 秒"，"背景颜色"为"黑色 #FFFFFF"（RGB 均为 0），单击"确定"按钮，如图 10-74 所示。

（2）新建一个合成文件，并在"项目"面板中显示，如图 10-75 所示。

图 10-74　修改参数值

图 10-75　新建合成文件

（3）在"项目"面板的空白处单击鼠标右键，在弹出的快捷菜单中选择"新建文件夹"命令，如图 10-76 所示。

（4）新建一个"素材"文件夹，并在"素材"文件夹中导入图像、视频和音频素材，如图 10-77 所示。

图 10-76　选择"新建文件夹"命令　　　　　图 10-77　导入多个素材

（5）将"背景"和"飞鸟"视频素材拖拽至"时间轴"面板中，然后展开"飞鸟"|"变换"选项，修改"位置"为"825"和"157"，"缩放"为"102"和"83"，如图 10-78 所示。

（6）调整图像的大小和位置，在"预览"面板中预览图像效果，如图 10-79 所示。

图 10-78　拖拽视频素材　　　　　　图 10-79　调整图像的大小和位置

（7）为"飞鸟"视频素材添加"Keylight（1.2）"视频效果，然后在"效果控件"面板的"Keylight（1.2）"选项区中修改参数值，如图 10-80 所示。

（8）抠除背景图像，并预览效果，如图 10-81 所示。

图 10-80　修改参数值　　　　　　　图 10-81　抠除背景图像

（9）将"水乡1"图片素材拖拽至"时间轴"面板中，如图 10-82 所示。

（10）选择"水乡1"图层，按快捷键"Ctrl+Shift+C"，创建"照片1"合成图层，然后在"时间轴"面板中，将"照片1"合成图层移至1秒22帧的位置，展开"变换"选项区，修改"缩放"为"77"，将时间线移至1秒23帧和10秒4帧的位置，修改"位置"分别为"665"和"554"、"396"和"554"，添加两组关键帧，如图 10-83 所示。

图 10-82　拖拽图片素材　　　　　　　　图 10-83　修改参数值并添加关键帧

（11）在"项目"面板中双击，打开"导入文件"对话框，在对应文件夹中选择需要导入的"笔刷"图像文件，在"导入为"列表中选择"合成"选项，单击"导入"按钮，如图 10-84 所示。

（12）打开"笔刷"对话框，在"图层选项"选项区中单击"可编辑的图层样式"单选按钮，单击"确定"按钮，即可导入"笔刷"合成文件，如图 10-85 所示。

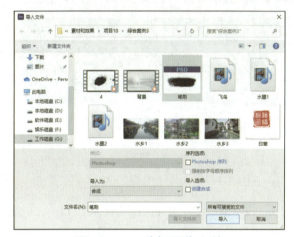

图 10-84　选择图像文件　　　　　　　　图 10-85　导入"笔刷"合成文件

（13）打开"笔刷"合成文件，依次展开"图层 1"|"变换"选项，修改"位置"为"935.5"和"498.5"，然后执行"图层"|"蒙版"|"新建蒙版"命令，新建图层蒙版，修改"蒙版羽化"为"390"，依次在开始的位置和 1 秒 18 帧的位置，在"合成"面板中编辑蒙版形状，修改蒙版路径，添加两组关键帧，如图 10-86 所示。

（14）使用同样的方法，为"图层 1 副本"添加蒙版，并修改参数值，如图 10-87 所示。

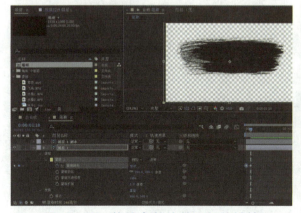
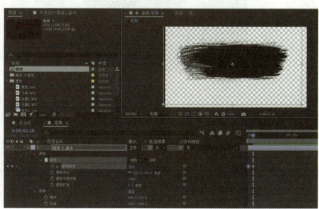

图 10-86　修改参数值并添加关键帧　　　图 10-87　添加蒙版并修改参数值

（15）将时间线移至 1 秒 22 帧的位置，将"笔刷"合成文件移动至"时间轴"面板中，展开"笔刷"|"变换"选项，修改"位置"为"566"和"532"，"缩放"为"71"和"104"，修改"照片 1"图层的"轨道遮罩"为"1.笔刷"选项，如图 10-88 所示。

（16）新建"文字 1"合成文件，将"印章"图像素材拖拽至"文字 1"合成文件的"时间轴"面板，展开"变换"选项区，修改"位置"为"1 001"和"400"，"缩放"为"20"，如图 10-89 所示。

图 10-88　修改参数值

图 10-89　修改参数值

（17）为"印章"图层添加"线性颜色键"视频效果，并在"线性颜色键"选项区中，修改"主色"为"白色 #FFFFFF"（RGB 均为 255），即可抠除图层背景，其效果如图 10-90 所示。

（18）选择"印章"图层，执行"图层"|"蒙版"|"新建蒙版"命令，新建蒙版，然后在"合成"面板中根据"印章"图形绘制蒙版路径，如图 10-91 所示。

图 10-90　抠除图层背景

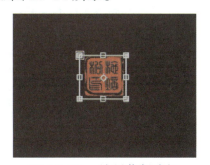

图 10-91　绘制蒙版路径

（19）执行"图层"|"新建"|"纯色"图层，新建一个颜色为"红色 #CE1413"（RGB 分别为 206，20，19）的红色图层，展开"变换"选项区，修改"锚点"为"1 250"和"540"，"位置"为"1 832"和"628"，"缩放"为"500"，如图 10-92 所示。

（20）选择红色图层，执行"图层"|"蒙版"|"新建蒙版"命令，新建蒙版，然后在"合成"面板中根据印章图形绘制蒙版路径，如图 10-93 所示。

图 10-92　新建"纯色"图层

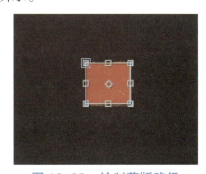

图 10-93　绘制蒙版路径

（21）单击"横排文字工具"按钮，输入文本，修改"文字格式"为"章草"，"文字大小"为"45"，"行距"为"36"，"垂直缩放"为"93%"，加粗文本，文本效果如图10-94所示。

（22）单击"横排文字工具"按钮，输入文本，并修改"文字格式"为"汉仪尚巍手书"，"文字大小"分别为"261""146""229"和"300"，"行距"为"169"，"字符间距"为"-168"，"基线偏移"为"-506"，文本效果如图10-95所示。

图 10-94　创建文本

图 10-95　创建文本

（23）为新建文本添加"蒸发"动画预设，然后展开"Evaporate Animator"选项区，在21帧和3秒12帧的位置，修改"偏移"为"4"和"-17"，添加两组关键帧，如图10-96所示。

图 10-96　修改参数值并添加关键帧

（24）单击"横排文字工具"按钮，输入文本，并修改"文字格式"为"方正正大黑简体"，"文字大小"为"55"，"行距"为"72"，"字符间距"为"384"，"基线偏移"为"-457"，如图10-97所示。

（25）为"印章"图层设置"轨道遮罩"为"2.江南水乡"选项，为"纯色"和"旅游文化"图

图 10-97　创建文本效果

层设置"轨道遮罩"为"5.印章"选项，然后选择"文字1"合成文件下的所有图层，按快捷键"Ctrl+Shift+C"，创建"文字效果1"合成文件，然后将"水墨1"视频素材拖拽至"文字效果1"合成图层的上方，并修改"文字效果1"图层的"轨道遮罩"为"1.水墨1"选项，如图10-98所示。

（26）展开"水墨1"|"变换"选项，修改"位置"为"278"和"771"，"旋转"为

"0+29°"，将时间线依次移至开始的位置、22帧和3秒的位置，修改"缩放"分别为"100"和"100""113"和"140""235"和"235"，添加3组关键帧，如图10-99所示。

图 10-98　编辑图层

图 10-99　修改参数值并添加关键帧

（27）为"水墨1"图层添加"色调"视频效果，并在"色调"选项区中修改参数值，如图10-100所示。

（28）将时间线移至2秒10帧的位置，将"文字1"合成文件拖拽至"时间轴"面板中，展开"文字1"|"变换"选项，修改"锚点"为"1 489"和"510"，"缩放"为"1 897"和"641"，如图10-101所示。

图 10-100　修改参数值

图 10-101　修改参数值

（29）更改文本的位置，其效果如图10-102所示。

图 10-102　更改文本的位置

（30）选择所有图层，按快捷键"Ctrl+Shift+C"，创建"片头1"合成文件，修改新建合成文件的持续时间为10秒，如图10-103所示。

图 10-103　新建与编辑合成文件

3. 制作宣传动画其他片头

（1）在"项目"面板中选择"照片1"合成文件，按快捷键"Ctrl+C"，复制合成文件，按两次快捷键"Ctrl+V"，粘贴合成文件，如图10-104所示。

（2）打开"照片2"合成文件，将其中的"水乡1"图像素材更换为"水乡2"图像素材，如图10-105所示。

图 10-104　复制与粘贴合成文件

图 10-105　更换图像素材

（3）使用同样的方法，将"照片2"合成文件中的"水乡1"图像素材更换为"水乡3"图像素材，如图10-106所示。

（4）在"项目"面板中依次选择"文字1"和"片头1"合成文件，按快捷键"Ctrl+C"，复制合成文件，按两次快捷键"Ctrl+V"，粘贴合成文件，如图10-107所示。

图 10-106　更换图像素材

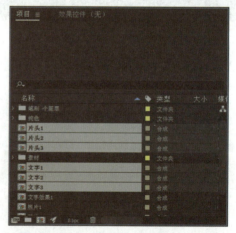

图 10-107　复制与粘贴合成文件

（5）打开"片头2"合成文件，将其中的"照片1"合成文件替换成"照片2"合成文件，然后删除"飞鸟"视频素材，展开"背景"｜"变换"选项，修改"缩放"为"-100"，展开"照片2"｜"变换"选项，修改"缩放"为"54"和"62"，依次在1秒22帧和7秒16帧的位置，修改"位置"分别为"1 275"和"554"、"1 486"和"554"，添加两组关键帧，如图10-108所示。

（6）展开"笔刷"｜"变换"选项，修改"位置"为"1 454"和"540"，"缩放"为"65"和"90"，如图10-109所示。

（7）将该文件中的"文字1"合成文件替换成"文字2"合成文件，展开"文字片2"|"变换"选项，修改"锚点"为"1 372"和"429"，"位置"为"969.8"和"547.4"，依次在7秒16帧和8秒12帧的位置，修改"不透明度"分别为"100%"和"0"，添加两组关键帧，如图10-110所示。

图 10-110　修改参数值并添加关键帧

（8）在完成"片头2"合成文件的修改后，其效果如图10-111所示。

图 10-111　修改合成文件效果

（9）在"总合成"合成文件的"时间轴"面板中，将时间线移至7秒的位置，将"片头2"合成文件移至"时间轴"面板中，并将"片头2"图层更改为"3D"图层，将时间线移至6秒9帧的位置，将"墨条"视频素材拖拽至"时间轴"面板中，修改其图层混合模式为"屏幕"，展开"墨条"|"变换"选项，修改"缩放"均为"150"，在7秒8帧和7秒16帧的位置，修改"不透明度"为"0"和"100%"，添加两组关键帧，如图10-112所示。

图 10-112   修改参数值并添加关键帧

（10）打开"片头3"合成文件，将其中的"照片1"合成文件替换成"照片3"合成文件，然后删除"飞鸟"视频素材，然后将"照片3""笔刷"和"文字1"图层移至22帧的位置，展开"照片3" | "变换"选项，修改"缩放"为"76"和"95"，依次在22帧和8秒12帧的位置，修改"位置"分别为"781"和"321"、"781"和"537"，添加两组关键帧，如图10-113所示。

图 10-113   修改参数值并添加关键帧

（11）展开"笔刷" | "变换"选项，修改"位置"为"774"和"480"，"缩放"为"79"和"131"，将"文字1"合成文件替换为"文字3"合成文件，展开"文字3" | "变换"选项，修改"锚点"为"1 462"和"429"，"位置"为"1 833"和"620"，如图10-114所示。

（12）在完成"片头2"合成文件的修改后，其效果如图10-115所示。

图 10-114   修改参数值

图 10-115   修改合成文件效果

（13）在"总合成"合成文件的"时间轴"面板中，将时间线移至14秒21帧的位置，将"片头3"合成文件移至"时间轴"面板中，展开"片头3" | "变换"选项，将时间线移至14秒21帧和16秒2帧的位置，修改"不透明度"分别为"0"和"100%"，添加两组关键帧，如图10-116所示。

图 10-116　添加关键帧

4. 制作宣传动画片尾

（1）执行"合成"|"新建合成"命令，新建一个名称为"片尾"，持续时间为 10 秒的合成文件，将"水墨 2"视频素材拖拽至"片尾"合成文件的"时间轴"面板中，如图 10-117 所示。

（2）在"项目"面板中导入"江南美"合成文件，然后选择"文字效果 1"合成文件，将其复制为"文字效果 2"合成文件，并将其拖拽至"时间轴"面板中 3 秒的位置，如图 10-118 所示。

图 10-117　拖拽视频素材

图 10-118　拖拽合成文件

（3）打开"文字效果"合成文件，删除多余的文本，然后将导入的"江南美"合成文件中的 3 个图像素材拖拽至"时间轴"面板中，如图 10-119 所示。

（4）选择"美 / 江南美"图层，展开"变换"选项，修改"位置"为"892.5"和"858"，"缩放"为"83"，如图 10-120 所示。

图 10-119　删除文本并拖拽图像素材

图 10-120　修改参数值

（5）执行"图层"|"蒙版"|"新建蒙版"命令，新建图层蒙版，并在"合成"面板中绘制蒙版路径，如图 10-121 所示。

（6）使用同样的方法，修改其他"文本"图层的位置和大小，然后添加图层蒙版，调整后的文本效果如图 10-122 所示。

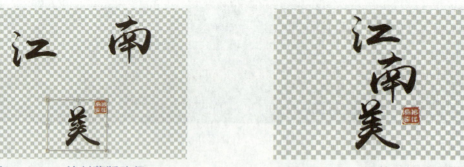

图 10-121　绘制蒙版路径　　　　　　　图 10-122　调整后的文本效果

（7）关闭"文字效果 2"合成文件，在"片尾"合成文件的"时间轴"面板中，展开"文字效果 2"|"变换"选项，修改"位置"为"961"和"593"，"不透明度"为"515"，为"文字效果 2"图层添加"高斯模糊"视频效果，修改"模糊度"为"5"，如图 10-123 所示。

（8）调整"文字效果 2"图层，其效果如图 10-124 所示。

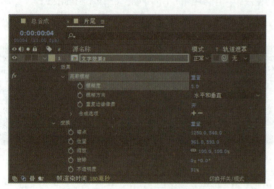

图 10-123　修改参数值　　　　　　　图 10-124　调整后的图层效果

（9）将时间线移至 4 帧的位置，将"水墨 1"视频素材拖拽至"时间轴"面板中，修改"位置"为"976"和"476"，"旋转"为"0+90°"，依次将时间线移至 4 帧、1 秒 1 帧、1 秒 6 帧和 3 秒 4 帧的位置，修改"缩放"分别为"100"和"114"、"113"和"140"、"235"和"235"，然后修改"文字效果 2"图层的混合模式为"相乘"，"轨道遮罩"为"1.水墨 1"选项，如图 10-125 所示。

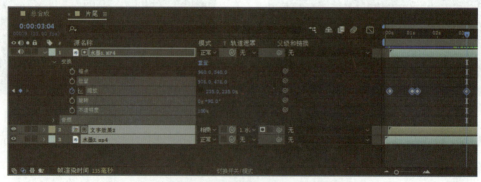

图 10-125　修改参数值

（10）为"水墨 1"图层添加"色调"视频效果，然后在该图层上单击鼠标右键，在弹出的快捷菜单中选择"时间"|"启用时间重映射"命令，依次在 4 帧和 10 秒的位置开启时

间重映射，如图 10-126 所示。

图 10-126　开启时间重映射

（11）在"时间轴"面板中，选择"水墨 1"
和"文字效果 2"图层，对其进行复制和粘贴操
作，然后将"文字效果 2"图层中的"高斯模糊"
视频效果删除，修改"不透明度"为"100%"，
宣传动画片尾效果制作完成，在"合成"面板中
预览最终片尾效果，如图 10-127 所示。

图 10-127　预览最终片尾效果

5. 完善与渲染宣传动画

（1）将时间线移至 20 秒 23 帧的位置，将"片尾"合成文件拖拽至"总合成"合成文件
的"时间轴"面板中，展开"变换"选项，依次在 20 秒 23 帧和 21 秒 18 帧的位置，修改"不
透明度"为"0"和"100%"，添加两组关键帧，如图 10-128 所示。

图 10-128　添加关键帧

（2）将时间线移至 20 秒 23 帧的位置，将"树叶"视频素材拖拽至"时间轴"面板中，为
"树叶"图层添加"色阶"视频效果，在"效果控件"面板中修改参数值，如图 10-129 所示。

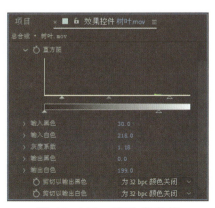

图 10-129　修改参数值

（3）修改视频效果，合成后的图像效果如图10-130所示。

（4）将时间线移至19秒20帧的位置，将"烟雾"视频素材拖拽至"时间轴"面板中，展开"变换"选项，修改"缩放"为"150"，并修改其图层混合模式为"屏幕"，调整后的图像效果如图10-131所示。

图10-130　合成后的图像效果

图10-131　调整后的图像效果

（5）将"音乐"音频素材拖拽至"时间轴"面板的最下方显示，如图10-132所示。

（6）执行"文件"|"导出"|"添加到渲染队列"命令，打开"渲染队列"面板，单击"输出到"右侧的"尚未指定"链接，打开"将影片输出到"对话框，修改文件名和输出路径，单击"保存"按钮，如图10-133所示，完成输出设置，单击"渲染"按钮，即可渲染宣传动画。

图10-132　拖拽音频素材

图10-133　设置输出参数